R.E.I. Editions

Tutti i nostri ebook possono essere letti sui seguenti dispositivi:
- Computer
- eReader
- iOS
- Android
- Blackberry
- Windows
- Tablet
- Cellulare

Daphne & Chloé

I Fiori Australiani

ISBN: 9782372970037

Pubblicazione: novembre 2015
Seconda edizione aggiornata: gennaio 2017
Terza edizione aggiornata: dicembre 2021
Quarta edizione interamente riveduta e aggiornata: febbraio 2026
Copyright © 2015-2026 R.E.I. Editions
www.rei-editions.com

Daphne & Chloé

I Fiori Australiani

R.E.I. Editions

Indice

I Fiori Australiani 11

    Alpine Mint Bush 15

    Angelsword 17

    Autumn Leaves 19

    Banksia Robur 24

    Bauhinia 25

    Billy Goat Plum 27

    Black Eyes Susan 29

    Bluebell 31

    Boab 33

    Boronia 35

    Bottlebrush 37

    Bush Fuchsia 39

    Bush Gardenia 41

    Bush Iris 44

    Christmas Bell 45

    Crowea 48

    Dagger Hakea 50

Dog Rose	51
Dog Rose of Wilde Force	53
Five corners	54
Flannel Flower	55
Freshwater Mangrove	57
Fringed Violet	58
Green Essence	60
Green Spider Orchid	61
Grey Spider Flower	63
Gymea Lily	65
Hibbertia	68
Illawara Flame Tree	70
Isopogon	72
Jacaranda	74
Kangaroo Paw	76
Kapok Bush	78
Lichen	80
Little Flannel Flower	81
Macrocarpa	83
Mint Bush	84
Monga Waratah	85

Mountain Devil 86

Mulla Mulla 88

Old Man Banksia 90

Paw Paw 92

Peach Flower Tea Tree 94

Philoteca 96

Pink Flannel Flower 98

Pink Mulla Mulla 100

Red Grevillea 102

Red Helmet Orchid 104

Red Lily 107

Red Suva Frangipani 109

Rough Bluebell 110

She Oak 111

Silver Princess 113

Slender Rice Flower 115

Southern Cross 117

Spinifex 119

Sturt Desert Pea 121

Sturt Desert Rose 122

Sundew 124

Sunshine Wattle 126

Sydney Rose 128

Tall Mulla Mulla 129

Tall Yellow Top 131

Turkey Bush 133

Waratah 134

Wedding Bush 135

Wild Potato Bush 139

Wisteria 141

Yellow Cowslip Orchid 142

Miscele di Fiori Australiani 144

Adol 145

Ambiente Purity 148

Concentration 150

Electro 152

Emergency 154

Energy 156

Equilibrio donna 158

Fluent expression 160

Oppression Free 162

Ottimismo 164

Physical Wellness 166

Relationship 168

Self-confidence 170

Sexuality 172

Solaris 174

Spirituality 176

Stress stop 178

Transition 180

Travel 182

I Fiori Australiani

I Fiori Australiani Bush (Australian Bush Flower Essences) sono a oggi 69 più 19 Essenze create dalla combinazione di Fiori Australiani e sono stati introdotti da Ian White, biologo e psicologo australiano. Non sono ancora molto conosciuti e utilizzati in Italia dal grande pubblico, ma sono molto apprezzati dai Floriterapeuti e troviamo Fiori Australiani inseriti in molti complessi fitopreparati e omeopatici. Sono tra i fiori più potenti edi largo impiego dopo i Fiori di Bach, hanno un'energia molto elevata, una delle più alte tra i rimedi floreali.
Gli Aborigeni australiani hanno sempre utilizzato i Fiori per trattare i disagi o gli squilibri emozionali, così come avveniva nell'antico Egitto, in India, Asia e Sud America. L'uso delle Essenze Floreali ha conosciuto una lunga tradizione fino a divenire molto popolare nell'Europa dell'epoca medioevale. Sia Hildegard Von Bingen (XII sec. d.C.) che Paracelso (XV sec.) lasciarono testimonianza scritta dell'abitudine comune di raccogliere la rugiada dei fiori per affrontare alcuni malesseri della sfera emozionale.

- Ian White, ultimo di cinque generazioni di psicologi e biologi Terapeuti che hanno sempre utilizzato rimedi naturali, è lo scopritore e lo sviluppatore delle Essenze deiFiori australiani.

Ian è cresciuto nel "Bush" (espressione australiana utilizzata per definire una parte selvaggia del territorio). La nonna di Ian, esperta nell'utilizzo delle piante australiane, era solita portare con sé il nipote a passeggiare nel "Bush", come faceva con la madre di Ian. Attraverso la sua profonda esperienza e conoscenza, ha potuto indicargli le numerose proprietà benefiche di piante e fiori. Grazie a Lei, Ian ha sviluppato un profondo rispetto per la natura, che gli è servito per diventare

pioniere e operatore impegnato nella ricerca delle qualità più rare e riequilibranti delle piante del continente australiano. Si tratta di un continente incontaminato, carico di antica energia. Attualmente, l'Australia sta conoscendo un momento di nuova e pervasiva vitalità energetica che, combinata con le innate potenzialità rigenerative della Terra, fa delle Essenze Australiane dei rimedi unici.
I fiori australiani esistono in commercio in essenze concentrate da 15 ml.

- Per preparare una miscela si versano sette gocce di ognuna delle essenze delle stock bottle scelte, in una boccetta con contagocce da 30 ml.; si aggiunge un quarto di brandy (serve solo come conservante e può essere sostituito dall'aceto di mele aumentando la dose) e 3/4 di acqua minerale naturale.

Si consiglia di non inserire più di 4 o 5 rimedi per volta.

La dose, sia per gli adulti sia per i bambini, consiste in sette gocce da assumere due volte al giorno (mattina e sera) sotto la lingua, o in un poco di acqua. Le essenze dovrebbero essere assunte per circa venti giorni o un mese, eccezion fatta per essenze particolarmente potenti. Essendo una cura del tutto naturale e priva di tossicità, non presentano alcuna controindicazione, non provocano effetti collaterali, possono essere combinati senza problemi sia ai farmaci tradizionali sia a quelli omeopatici (di cui sono considerati complementari) o ad altri rimedi floriterapici.

- Sono state prodotte anche Miscele di Fiori Australiani già pronte studiate per affrontare specifici stati emotivi.

Ricordiamo, però, che la floriterapia non è sintomatologica, quindi, non è detto che queste composizioni abbiano un effetto in egual misura su tutte le persone poiché ogni persona è diversa dalle altre e, ad esempio, "uno stato di ansia" di due persone diverse, anche se si mostra con la stessa sintomatologia, probabilmente non è causato dallo stesso squilibrio emozionale.

Per questo è importante farsi consigliare le composizioni personali di essenze floreali adatte specificatamente a ognuno di noi.

I Fiori Australiani vengono preparati con un metodo simile a quello degli altri repertori floreali, cioè ponendo le corolle dei fiori in una ciotola di vetro piena d'acqua di sorgente ed esponendole al sole per alcune ore. Per alcuni fiori, la preparazione segue modalità unpo' diverse, come, ad esempio, l'esposizione notturnaalla luce lunare.

Il contenuto viene poi filtrato e diluito con una pari quantità di brandy.

- Da questa "essenza madre" si ricava poi il cosiddetto "concentrato" o stock bottle, ponendone 7 gocce in una boccetta da 15 ml. contenente 2/3 di brandy e 1/3 di acqua pura.

Come avviene per i fiori di Bach, anche le essenze floreali australiane vanno scelte in base all'osservazione delle emozioni e degli stati d'animo del momento, che sono fonte di maggiore sofferenza per la persona. Un volta individuati i fiori con cui comporre la miscela, si versano 7 gocce dei rimedio o dei rimedi scelti in una boccetta con contagocce da 30 ml., riempita con acqua minerale naturale e due cucchiaini di brandy come conservante.

- Il dosaggio standard degli Australian Bush Flower Essences è di sette gocce da assumere oralmente mattina e sera. Si può preparare un solo rimedio (la cui azione sarà allora particolarmente "mirata", profonda e veloce), oppure miscelare tra loro rimedi diversi.

In questo caso é consigliabile non superare le 4 o 5 essenze e, se possibile, cercare di scegliere fiori dalle proprietà tra loro affini e sinergiche per trattare un problema specifico. I fiori australiani sono molto efficaci anche in applicazione cutanea e possono essere aggiunti a creme, gel, oli per il massaggio, pomate medicate oppure diluiti nell'acqua del bagno. Per un trattamento topico la quantità consigliata è di circa 7 gocce di ciascun rimedio scelto, da amalgamare in mezza tazzina di crema; nella vasca da bagno vanno, invece, versate 15–20 gocce di ogni essenza. La durata del trattamento dipende sempre dalla risposta individuale.

Spesso si ottiene una reazione positiva in circa due settimane e mediamente due mesi sono sufficienti per riequilibrare numerose problematiche psicofisiche. Alcuni fiori particolarmente "potenti" (come, per esempio, Waratah) esercitano di solito un'azione molto rapida, anche in pochi giorni. Molte volte, dopo aver risolto un disagio o un conflitto interiore, possono emergere altri squilibri emozionali, che andranno via via trattati con i fiori corrispondenti.

Non esiste pericolo di reazioni allergiche o effetti collaterali, pertanto i rimedi australiani possono essere somministrati tranquillamente a bambini, anziani o persone malate.

In rari casi può manifestarsi, all'inizio della terapia, una leggera accentuazione dei sintomi, ma questa reazione iniziale va considerata come un segnale di "sblocco" energetico e generalmente di breve durata.

Alpine Mint Bush

Utile per dare nuovo vigore alle persone che svolgono un servizio, occupandosi di altre persone di cui sono responsabili (coloro che svolgono lavori di assistenza in cui danno tutto di sé, sia fisicamente sia emotivamente, e rischiano di esaurirsi). Rivitalizza infondendo una nuova gioia e un rinnovato entusiasmo in ciò che fanno.
Molto utile anche per le persone che assistono un familiare, rimanendo disponibili ventiquattro ore algiorno, ad esempio, nel caso di un figlio portatore di handicap o invalido, del partner che diventa tetraplegico o paraplegico o di un parente anziano affetto dal morbodi Alzheimer.

- Il peso di una responsabilità di tali proporzioni induce a sforzarsi molto, sia fisicamente sia mentalmente, con il pericolo di un esaurimento.

Ideale per i terapeuti che sono quotidianamente a contatto con le problematiche sia fisiche sia emotive delle persone e hanno la necessità di rimanere sempre molto concentrati e intuitivi dovendo prendere delle decisioni che influiranno sulla vita degli altri. Molto appropriato per coloro che rivestono un ruolo che implica delle scelte che influenzeranno il benessere o la condizione degli altri, rendendo, tuttavia, possibile un certo grado di imparzialità e distacco per tutelare il proprio sé. Potrebbe essere utile ad assistenti sociali, addetti ospedalieri e a tutte le persone che rivestono ruoli di grande responsabilità.

- L'essenza lavora a livello mentale ed emozionale prima che si verifichi uno stato di esaurimento fisico. Restituisce alle persone vitalità, portando un rinnovato entusiasmo, gioia e slancio rispetto al loro compito.

Il rimedio può essere usato efficacemente in maniera preventiva, ma non è indicato per lo sfinimento di fine giornata di natura puramente fisica, in cui sono utili altre essenze come Banksia Robur, Macrocarpa, Old Man Banksia.

- L'essenza rinnova l'entusiasmo, la gioia e la compassione per ciò che stiamo vivendo.

Quando la gioia e il gusto della vita si sono completamente spenti per eccesso di empatia, responsabilità e preoccupazione verso qualcun altro. Per le persone idealiste che hanno scelto un lavoro assistenziale, ma che ora sono dubbiose e disilluse perché vedono che nel lavoro non cambia nulla.
Nella maternità, per la stanchezza o l'esaurimento mentale o emozionale che deriva dal fatto di prestare costante attenzione al bambino.

Angelsword

Angelsword è in grado di ripristinare l'energia generale che avvolge il campo aurico eliminando le negatività.
È un'essenza molto potente da utilizzare anche dopo aver subito un'anestesia per intervento chirurgico, episodi di perdita di conoscenza, dopo assunzione di droghe o dopo violenti traumi o shock fisici: confusione e incomprensione dovuta a influenze negativeesterne.
- Perdita della capacità della Verità e della Fede.

Riscoperta dei valori del passato. Rinnovata comunicazione con il proprio Io. Utile in caso di problematiche alimentari promuovendo una limpida comunicazione con il Sé superiore e il discernimento per vedere obiettivamente ed essere consapevoli diciò che sta effettivamente succedendo.
- Per pulire l'aura.

Consente di trovare la propria verità, vagliando le informazioni, gli insegnamenti o i messaggi incanalati, per riconoscere ciò che è eventualmente giusto per se stessi. Questa essenza è per quelli che dubitano delle verità spirituali e sono confusi. L'essenza agisce permettendo all'individuo di riuscire a vedere come una fotografia il passato personale e transpersonale.
- Non cura il passato, ma permette di accedervi.

La funzione di Angelsword ha la qualità di offrire protezione da influenze esterne: prima di lavorare con questa essenza è importante prendere Fringed Violet. U
tilissima in casi di schizofrenia, allucinazioni e tutte le forme di psicosi in quanto attutisce l'entità negativa dei messaggi autodistruttivi.
L'essenza è anche in grado di alleviare quei cordoni ombelicali

"energetici" che si stabiliscono alla nascita tra persone con vincoli affettivi stretti. Quando una persona dona la propria energia senza riserve potrebbe sentirsi svuotata, stanca e in questo caso Angelsword può essere presa oralmente nonché applicata topicamente tra l'ombelico e lo sterno.

Autumn Leaves

Autumn Leaves è preparata esclusivamente da foglie raccolte in autunno nel momento esatto in cui abbandonano il loro albero.
L'essenza è utilizzata principalmente per le persone che stanno lasciando questo mondo, in quanto facilità il passaggio dal piano fisico al mondo spirituale.
Negli ultimi giorni di vita, una persona è aiutata a divenire consapevole della propria condizione e a ricordare i propri cari nel mondo spirituale.

- L'essenza permette di ascoltare e sentire il contatto con l'aldilà e di essere aperti durante il passaggio con la consapevolezza dell'aiuto di una guida e presenza di tanto amore intorno.

Proprietà di Autumn Leaves

- L'essenza favorisce il contatto con l'aldilà, e l'essere aperti alla guida che ci viene offerta, soprattutto nel momento in cui lasciamo questa vita.
- Aiuta tale passaggio e il lasciar andare il piano fisico, ma si può dire che facilita il lasciar andare e il passare oltre in qualunque situazione da cui vogliamo o necessitiamo staccarci.
- È utile anche in tutte le situazioni in cui dobbiamo o desideriamo lasciar andare qualcosa o qualcuno, per fare cambiamenti utili o necessari, favorisce l'accettazione dei momenti di cambiamento percepiti come insostenibili.
- Attenzione, da ricordare che Autumn Leaves è inclusa nel composto **Transition**.

Transition è il composto dei Fiori Australiani dedicato a chiunque stia affrontando grandi cambiamenti biologici o di situazioni di vita, come un trasloco, un cambio di nazionalità, un nuovo lavoro, una gravidanza, ecc.

Dona la capacità di essere aperti ai cambiamenti e di essere pronti alle sfide che essi comportano, soprattutto quando poniamo resistenza al cambiamento, anche se inconsciamente.

- Aiuta, inoltre, nell'affrontare la paura della morte, donando calma e tranquillità durante il passaggio nell'aldilà, e anche a coloro che assistono il morente.

Il composto Transition è costituito dai seguenti fiori:
- Autumn Leaves, essenza ricavata dalle foglie d'autunno, che per natura cadono, accettando il cambiamento: favorisce il passaggio dalla realtà materiale a quella spirituale, e il lasciar andare ciò che non è più. Da solo, favorisce il trapasso della morte.
- Bauhinia è utile per aprirsi al nuovo, al cambiamento e ridurre la resistenza al cambiamento: insegna a ricevere, comprendere e accettare nuove idee, situazioni e persone
- Bottlebrush aiuta nelle fasi di cambiamento, sia favorendo il cambiamento, sia accettandolo e donando la capacità di gestirne le fasi e le emozioni correlate, come oppressione, inadeguatezza, incertezza.
- Bush Iris aiuta ad affrontare la paura relativa alla morte e favorisce la fiducia che possa esistere una realtà spirituale oltre quella dei 5 sensi umani, e oltre la morte.
- Lichen, essenza ricavata da un lichene, è utile nella fase del trapasso, prima della morte, quando il corpo fisico si separa dall'anima. Insieme ad Autum Leaves aiuta proprio nella fase terminale della vita.
- Mint Bush dona chiarezza nei cambiamenti importanti che possono portare a confusione mentale o all'idea che non ci sia soluzione.

- Red Grevillea aiuta a trovare la via d'uscita, la soluzione, la forza di lasciare alle spalle situazioni in cui ci possiamo sentire "incastrati", anche nel caso della morte.
  Sostiene l'audacia nel trovare e seguire la propria strada, proteggendo da interferenze e giudizi degli altri, rendendoci indipendenti psicologicamente.
- Silver Princess è specifico per ritrovare la direzione e il proposito di vita, con rinnovata motivazione e consapevolezza.

Utilizzo di Transition

Sette (7) gocce sotto la lingua, mattino e sera, al risveglio e prima di addormentarsi.

Può essere associato contemporaneamente a "**Emergency**".
- Il composto Transition non è solo per affrontare la paura della morte e il momento della morte.

Ogni cambiamento è un po' come morire, perché si cambia vita, o si cambia qualcosa della nostra vita e nella nostra vita: i fiori in esso contenuti possono, quindi, aiutare ad affrontare più serenamente tali cambiamenti.
Transition può anche essere massaggiato su piedi e mani, o si possono inumidire le labbra, se la situazione terminale del malato non ne permette l'assunzione orale.

Emergency è il composto dei Fiori Australiani per i momenti di emergenza, il "parente stretto" australiano del Rescue Remedy dei Fiori di Bach.
Ha un effetto calmante immediato sulla mente, sul fisico e sulle emozioni, anche durante le crisi di grave entità.

Emergency è costituito dai seguenti fiori:
- Angelsword, Questa essenza offre protezione da influenze esterne di qualsiasi tipo e aiuta a riparare e pulire ciò che è già entrato energeticamente nel nostro campo personale.
- Crowea, presente in molti composti per la sua azione calmante sulla mente e sul corpo che dona una intensa sensazione di benessere, quiete ed equilibrio.
- Dog Rose of the Wild Forces aiuta a controllare le emozioni più intense, in particolare quelle che respiriamo in una situazione o in un ambiente, quelle attorno a noi (ad esempio: le notizie che ascoltiamo, il panico in una situazione di emergenza).
  Il fiore dona calma, equilibrio emotivo, capacità di controllare l'intensità dei tumulti interiori o le manifestazioni esteriori degli stessi.
- Fringed Violet è un altro rimedio di protezione, in particolare del campo energetico personale (aura), dagli effetti di radiazioni elettromagnetiche, farmaci, eccessivo uso di tecnologia (pc, smartphone, cellulari), e da tutto ciò che può indebolire le nostre energie.
- Grey Spider Flower è un'essenza specifica per le paure estreme, il panico immobilizzante e il terrore che non riusciamo a controllare.
  Aiuta ad acquisire fiducia, calma e coraggio.
- Sundew è specifico per la dissociazione e, quindi, la depersonalizzazione, intese come difesa dalla realtà in caso di paure o pericoli, reali o percepiti.
  Sundew ci ricollega alla realtà con il suo lungo stelo sottile ma forte, così da riprendere in mano la situazione e trovare la strategia migliore per affrontare quel momento.
- Waratah, conosciuto come fiore della sopravvivenza, per la sua forza naturale, il colore rosso sangue e la forma a

cuore del suo fiore.

Dona coraggio, tenacia, fiducia, capacità di adattamento e forza di sopravvivenza.

Utilizzo di Emergency

L'utilità di queste combinazioni coprono svariate esigenze, che spaziano dall'ansia pre-esame, agli incubi notturni, a stati di agitazione.

- Sette (7) gocce sotto la lingua, mattino e sera, al risveglio e prima di addormentarsi.
- Sette (7) gocce al bisogno, durante il giorno.
- Spray orale: 2 spruzzate sulla lingua.
- In una situazione di emergenza, 7 gocce o 2 spruzzi a distanza di pochi minuti fino a trovare la calma per gestire quel momento.

Banksia Robur

Appartiene alla famiglia delle Proteacee, cinquanta diverse specie in tutto l'Australia. La denominazione "robur" deriva dal latino e significa forte. I fiori sono di colore azzurro verdognolo in principio per poi diventare gialli quando la pianta si apre e rimane coperta di fiori. Cresce nelle zone paludose delle coste.

- È il rimedio per la stanchezza temporanea, con un lieve sensazione di frustrazione o sconfitta.

Normalmente, queste persone sono dinamiche, con grande energia ed entusiasmo, ma per diversi motivi (malattia, esaurimento, delusione), si sentono transitoriamente abbattute o scoraggiate.

- Utile nella sindrome da stanchezza cronica.

Siccome questo è uno stato poco frequente in questo tipo di persone, lo vivono come qualcosa di strano ed esasperante e desiderano uscirne il più presto possibile. Il fiore è molto utileper superare la frustrazione legata alla diminuzione di energia di questo periodo.

- Fare bagni in cui viene aggiunta l'essenza incrementa l'azione del rimedio.

Il fiore dona un rinnovato interesse per la vita e per la gioia di vivere. Riporta gioia e interesse nella vita dopo, o persino durante, una malattia. Come questo arbusto che predilige le brughiere paludose delle zone meridionali australiane, l'essenza è in grado di far uscire la persona dalla palude in cui si trova momentaneamente per tornare su un terreno solido.

Bauhinia

Albero che può arrivare fino a 10 metri di altezza, di tronco corto, massiccio, ricoperto da una corteccia fessurata di colore grigio scuro. I rami pendenti danno un'idea di caducità. Le foglie sono ampie, ovali, di colore azzurro-verdognolo a forma di farfalla. Da giugno a settembre l'albero perde le foglie, ma compaiono i fiori piccoli, vellutati e di colore rosso-arancione.

La personalità Bauhinia ha come caratteristica la rigidità del carattere: questo si traduce in resistenza ai cambiamenti, a nuove idee, ad accettare modi e abitudini differenti dai propri.

Questa costellazione psichica nasce da una necessità di difendere, negare o reprimere emozioni che l'individuo vive come pericolose, di modo tale che il carattere rigido e indurito può essere una conseguenza e una forma per assicurare il mantenimento degli argini contro le emozioni escluse.

- Questa rigidità si esprime in due aree principali: nuove idee e persone differenti.

Sono persone che tendono a rifiutare o a provare un senso di estraneità per tutto ciò che è nuovo o diverso.

- Incapacità di accettare i cambiamenti, chiusura mentale, rigidità e bigottismo.

Anche per chi fa fatica ad adattarsi alle nuove tecnologie moderne.

- Il fiore aiuta le persone a diventare più flessibili nella veduta e nella concezione delle cose e più aperte a considerare nuovi punti di vista.

Perdita dei pregiudizi e apertura mentale verso nuovi concetti, situazioni e idee.

Per eliminare le immagini restrittive e autoimposte che un individuo ha costruito su se stesso perché è convinto di non essere il tipo di persona che può svolgere certe attività come ballare o dipingere.

- A livello fisico la Bauhinia ripristina la funzionalità della valvola ileocecale, che è la valvola che separa il pirolo dal grande intestino, punto in cui di solito, si insidiano batteri.

Il PH del piccolo intestino è basico, mentre il grande è acido quindi lo squilibrio della valvola è responsabile della maggior parte dei disturbi intestinali come gonfiore, meteorismo, fermentazione, intolleranze alimentari.

Billy Goat Plum

Nei terreni boschivi si sviluppa in larghezza, come un arbusto di piccole dimensioni, mentre nei luoghi umidi, diventa un grande albero, di altezza fino a 10 metri, dalla corteccia spessa, nodosa e grigia. Le foglie sono ovali, di colore verde chiaro e, sul finire della stagione secca, prima di cadere diventano di un rosso brillante.
I fiori profumati sono grandi e carnosi, con lunghi lobia calice verdi e petali bianchi o gialli. I numerosi, lunghi stami si sviluppano da una base rossastra e, verso le punte, diventano bianchi. Il periodo della fioritura inizia a luglio e si conclude a ottobre.

- Gli aborigeni utilizzavano la corteccia interna dell'albero (pestata e messa a mollo nell'acqua finché non diventava rossa), per disinfettare pustole, ustioni e piaghe.

Le sottili e piccole radici venivano ammollate nell'acqua e applicate sulla pelle per alleviare il prurito in caso di sudamina dei bambini e di varicella.

- L'essenza è specifica per le sensazioni di avversione o repulsione verso se stessi, specialmente quando sono rivolte agli organi o all'atto sessuale che porta con sé sentimenti di colpa e peccato.

Ci sono emozioni di ripugnanza, avversione, disapprovazione verso se stessi, paura associata al passato, vergogna per la propria sessualità, sensi di colpa, necessità di punizione, sentimenti di impurità, collera e odio repressi.
Rispetto alla sessualità, l'essenza è utile nei casi in cui la persona manifesta incapacità nel godere, si sente sporco o ha ripugnanza verso il sesso. La freddezza si associa alla paura e alla negazione del piacere. Se queste emozioni interferiscono

negativamente con l'atto sessuale, può prevaricare la sensazione che il corpo sia sporco e non attraente per il partner; l'essenza aiuta ad apportare una reale accettazione della fisicità, permettendo di godere delle sensazioni fisiche e dei piaceri sessuali. Nel caso in cui un'eruzione cutanea o un'eliminazione di tossine attraverso la pelle (sudore, ciclo mestruale, flusso vaginale) è vissuta con disgusto e/o imbarazzo.

Indicato per ogni sensazione di avversione verso se stessi o il proprio fisico.

- L'essenza aiuta ad acquisire la consapevolezza che nelle persone c'è qualcosa di più, al di là dell'apparenza, e che guardando in profondità è possibile scorgere l'autentica bellezza.

Può essere assunto per via orale o applicato topicamente, per patologie cutanee quali l'eczema o la psoriasi, purché queste implichino la sensazione che il corpo non sia sufficientemente pulito. Utile usato localmente nelle affezioni epidermiche, quali l'acne. Molto utile nei periodi dell'adolescenza in cui le problematiche di non accettazione del proprio corpo sono amplificate: compare l'acne, i foruncoli, il disgusto del corpo e la non accettazione dello sviluppo sessuale.

- Molto utile nei disturbi alimentari per guarire ogni tipo di vergogna, auto-disgusto o ripugnanza di se stessi e del corpo.

Difficoltà nel comunicare con qualcuno verso cui si è attratti perché ci si sente imbarazzati o complessati; la sensazione di vergogna per un proprio particolare aspetto trattiene dall'interagire o comunicare con gli altri.

Black Eyes Susan

Per chi ha un temperamento iperattivo e caratterizzato da un perenne lavoro mentale. Sono persone impazienti verso il ritmo troppo lento degli altri. E' utile quando si ha la sensazione che il tempo non basti mai e i ritmi di vita siano sempre stressanti.
- Il fiore permette di riorganizzare i propri ritmi di vita e di trovare il tempo per se stessi.

Sensibilizza verso gli altri, dimostrando gentilezza, simpatia, pazienza e capacità di ascolto.
- Per chi è sempre in movimento, non si riposa o dorme abbastanza, generalmente si spinge oltre i propri limiti fisici ed emozionali.

Per le persone che non sono realistiche nei riguardi del tempo: sono convinte che in futuro avranno abbastanza tempo per leggere o per fare tutte le cose che stanno accaparrando.
Per le persone che vivono in città e sono sempre di corsa, attivi ed energici e non si fermano mai.
- Quando c'è bisogno di distaccarsi dalla frenesia di un mondo esterno e trovare un po' di silenzio interiore.

Per l'impulsività: l'impazienza a completare le cose può portare a prendere decisioni affrettate, senza valutare le conseguenze a lungo termine.
- Per problemi di insonnia dovuti a iperdinamismo.

I sintomi fisici per cui utilizzare l'essenza sono in relazione all'apparato digerente, intestinale con frequenti episodi di dissenteria, cefalee, tensioni muscolari, mal di schiena, patologie da deficit di attenzione, insonnia, ipercinesia anche nei bambini.

L'essenza sensibilizza verso gli altri donando gentilezza, pazienza, capacità d'ascolto e tolleranza.
- Associato con Macrocarpa e Banksia Robur per una ricarica vitale in caso di spossatezza, stanchezza ed esaurimento delle energie.

Bluebell

Appartiene alla famiglia delle Campanulaceae che significa "piccola campana" in latino: è un'erba perenne alta mezzo metro, con poche foglie piccole e soavi e fiori di colore azzurro-violetto.
È nativa delle Olgas Katajuta, come richiamano gli aborigeni al centro geografico dell'Australia.

- Per la paura di contattare la sfera dei sentimenti per paura di disperderli.

Così le emozioni risultano inespresse e non si ha più la speranza di poterle vivere come in precedenza. Si crea così una sorta di isolamento dalle persone care. Sono persone che non amano mostrare la propria personalità perché pensano che questo potrebbe non essere conveniente. E' utile per i bambini che non vogliono condividerei propri giocattoli con gli altri.

- Il fiore apre il cuore, ridona la gioia e la voglia di partecipazione emotiva con gli altri.

Le persone Bluebell possiedono una struttura di personalità chiusa alla libera espressione di emozioni e sentimenti.

Il motivo di questa repressione è la paura inconscia che il loro mondo affettivo vibri in una maniera che non è corrisposta o compresa. Un'altra paura importante è la possibilità di arrivare a uno stato di carenza materiale: questo li porta a sviluppare un comportamento avaro e possessivo. Il modo mediante il quale queste personalità cercano di controllare "il lasciare andare", "il dare" è installando tratti di carattere rigidi, controllati, rivestendo di brutale franchezza il loro linguaggio.
Il fiore apre il cuore affinché affiorino emozioni contenute e si possa imparare che la vera abbondanza consiste nel dare.

Bluebell è indicato a tutti coloro che hanno bloccato le porte del cuore perché aiuta a rimuovere le barriere intorno al chakra del cuore.

- Utilissimo nei reparti di cardiologia o per tutti coloro che subiscono interventi chirurgici di bypass, trapianto di cuore, ipertensione, in quanto rimuove i blocchi intorno al chakra.

Boab

Si tratta del baobab australiano che cresce nell'Australia occidentale nelle pianure sabbiose dove ci sono abbondanti precipitazioni, oppure lungo le creste rocciose, le linee di drenaggio e i torrenti.
Durante la stagione secca perde le foglie, ma prima dell'arrivo delle piogge si riveste di lunghe foglie alterne e composte la cui pagina superiore è verde, mentre quella inferiore biancastra e presentano fino a 9 lobi appuntiti, pelosi e affusolati. Fiorisce da novembre a febbraio.
I fiori sono grandi fino a 12 cm di altezza e larghezza, composti da 5 petali carnosi di colore bianco-crema e hanno numerosi, lunghi stami.

- Nelle leggende di molte culture, la forma del baobab è paragonata a quella di un albero rovesciato, la cui chioma si sviluppa nel terreno e le radici crescono all'aria.

Una leggende lo paragona a una balena con la testa affondata nella terra e la balena è associata alla famiglia, tanto quanto lo è l'albero di Boab.
Nelle tribù degli aborigeni australiani, se un parto avveniva durante la fioritura, la tribù raccoglieva i fiori e li dava alla donna che si allontanava, scavava un buco e rivestiva le sue pareti dei fiori, quindi si accovacciava sopra il buco e partoriva il bimbo in una culla fiorita.
Il primo contatto del bambino era con questi fiori che rompono gli schemi negativi tramandati di generazione in generazione.

- La proprietà di questo fiore è quella di eliminare gli schemi di pensiero negativi risultanti dal proprio retaggio familiare, ovvero tutte quelle manifestazioni e convinzioni che sono radicate e trasmesse di generazionein generazione.

E' un'essenza utile per ritrovare ciò che si è, eliminando strati di modelli e pensieri obsoleti.
- Per chi rimugina su esperienze negative del passato.

Aiuta i genitori a essere più tolleranti coni propri figli, perché blocca la proiezione di tutti i loro desideri e le aspettative non realizzate.

Boronia

Le Boronie appartengono alla famiglia delle Rutaceae (la stessa famiglia che comprende limoni, aranci e lime).
- Per chi ha pensieri ossessivi ricorrenti da cui non riesce a liberarsi.

Questo rimedio aiuta ad acquietare la mente, permettendo di aumentare le proprie capacità intuitive.
Utile quando si rivolge l'attenzione in modo ossessivo verso un'altra persona, per esempio dopo la rottura del rapporto con il partner.
- Le persone Boronia si sentono dominate da idee ossessive e pensieri fissi dalle quali non possono staccarsi.

Il motivo di questa fissazione lo si deve a varie ragioni, ma tra esse bisogna sottolineare la frustrazione, la difficoltà nell'accettare la perdita e la sofferenza.
- Sono persone generalmente tristi, e "ruminanti mentali."

Un'espressione di questo quadro è l'insonnia di cui normalmente soffrono, la sconnessione nei compiti quotidiani e la perdita di creatività.
- Un altro tratto da tenere in conto è la difficoltà nel poter associare o riferire liberamente pensieri.

Questo si deve al fatto che i Boronia si mettono "in guardia" dall'evitare certi pensieri o idee centrali che non vogliono né vedere né ascoltare.
Paradossalmente, questo sarebbe un'uscita del suo continuo ruminare mentale.

Le emozioni presenti nello stato Boronia sono: la paura di scegliere la propria direzione della vita, odio soffocato, un blocco nel passato, negazione a rinunciare a vecchie idee, mancanza di spontaneità, desiderio di controllo per insicurezza, possesso, depressione, tristezza, sofferenza, autocompassione e tortura mentale.

È molto specifica per quelle persone che si sentono bloccati in idee come un disco rotto che continua a girare nella loro testa così che ricordano permanentemente situazioni o conversazioni.

- Questo li porta alla deconcentrazione.

Bottlebrush

Si tratta di persone che stanno percorrendo strade di cambiamenti e trasformazioni, ma per questo si sentono generalmente con poca speranza nelle proprie capacità di affrontare efficacemente situazioni nuove.

- Utile in tutti i momenti di transizione come il matrimonio, la gravidanza, la nascita, la menopausa, la morte stessa.

Il fiore aiuta a spazzare via il passato, invitando la persona ad accogliere nuove esperienze e nuove situazioni.
Per permettere di vivere la vita e i suoi inevitabili cambiamenti, rendendo capaci di superare costruttivamente il passato e incamminandosi felicemente verso nuove esperienze.
L'essenza favorisce il legame tra madre e figlio e aiuta nella menopausa, quando si ha paura di non essere desiderati e di invecchiare.

- Questa essenza è molto utile nella terza età per accettare il cambiamento che implica per l'individuo trasformazioni fisiche, psichiche e sociali alle quali si vede obbligato.

È il rimedio da non somministrare ai bambini in quanto le esperienze fino ai 12 anni sono improntate alla naturalezza.
Bottlebrush invita le persone a vivere la vita e i suoi inevitabili cambiamenti consentendo di superare il passato in modo costruttivo verso il futuro.

- A livello fisico agisce in modo ottimale sul colon e tutti i disturbi a esso collegati come la sindrome da colon irritabile depurandolo e drenandolo dalle scorie.

Proprietà di Bottlebrush
- Utile per vivere tutti i tipi di passaggio e cambiamento nella vita, sia fisici (adolescenza, menopausa, gravidanza) che in altri ambiti (abitudini, trasloco, lavoro, relazioni, inizio della scuola, matrimonio, pensionamento), con maggior fiducia nelle capacità di adattamento alle nuove situazioni.
- Aiuta a far fronte alle situazioni, a fare cambiamenti con serenità: spazzando via il passato, si favorisce il cambiamento, il nuovo.
  Permette di superare in modo costruttivo il passato, e accogliere il nuovo con meno apprensione e incertezza.
- Favorisce il legame tra madre e figli, e viceversa, ad ogni età e in ogni situazione che coinvolga tale rapporto.
- Coadiuvante nei disturbi del colon, intestino irritabile, e nel drenaggio e pulizia dell'intestino stesso dalle tossine.

Bush Fuchsia

Rimedio importante in problemi di apprendimento.
Permette l'integrazione di entrambi gli emisferi cerebrali, risolvendo la maggioranza di problemi di apprendimento che provengono dagli squilibri tra i due emisferi (dislessia, balbuzie, difficoltà ad articolare il linguaggio orale, afasia).
- Aiuta nell'avere sicurezza nel parlare in pubblico.

Incapacità di bilanciare il lato logico e razionale con quello intuitivo e creativo. Incapacità di percepire o seguire l'istinto.
Utile nei casi di incapacità di studiare per lunghi periodi senza perdere la concentrazione. Bilanciando i due emisferi celebrali, aiuta a entrare in contatto con le proprie intuizioni.
Aiuta a trovare la capacità di distinguere e di interpretare le informazioni e le percezioni.
- Aiuta a sviluppare l'intuito e ad avere fiducia nel proprio istinto.

Per chi sta molto tempo davanti a video terminali o altri dispositivi elettronici e si sente un po' offuscato a fine giornata.
Questo fiore accresce la chiarezza di linguaggio e comunicativa e dona la sicurezza necessaria per parlare in pubblico.
Incrementa le capacità di concentrazione e quindi di comprensione di un testo o di materiale di studio.
- Incrementa il desiderio di leggere nei bambini e aumenta anche la propria fiducia e sicurezza in classe e di fronte agli esami.

Come stimola lo sviluppo delle funzioni logiche e razionali (emisfero cerebrale sinistro), lo farà anche con gli aspetti creativi e intuitivi, corrispondenti all'emisfero cerebrale destro.
- Permette di equilibrare le funzione di entrambi gli

emisferi quando c'è un eccessivo predominio di uno sull'altro.

Un altro aspetto di questa essenza è la sua capacità per facilitare la coordinazione dei movimenti. Un'altra proprietà, il relazione con l'espressione verbale, è che aiuta nella conversazione migliorando il tono, l'inflessione e la melodia della voce.
Migliora anche la capacità uditiva, in particolar modo nei casi di infezioni croniche. Utile nel riequilibrio dell'ipotalamo, successivamente a usi prolungati di pillole contraccettive o trattamento sostitutivo ormonale.
Eccellente per sintonizzarsi con la propria intuizione, per il coordinamento mano-occhio e per la capacità di esprimere le idee, consente alle persone di credere nella propria intuizione e nel proprio modo di agire, piuttosto che fare quello che dicono gli altri.

- Nel caso della dislessia, occorre assumere Bush Fuchsia per 15 giorni consecutivi e ripetere il trattamento dopo un'interruzione di un paio di settimane.
  È l'essenza d'elezione dell'ipofisi.

Ottima per infezioni auricolari, vertigini, labirintiti e nausea.

Bush Gardenia

Sebbene è possibile descrivere un tipo floreale Bush Gardenia, più che una struttura di personalità si tratta di un stato emozionale che si caratterizza per la difficoltà e il deterioramento nelle relazioni affettive e nei problemi di comunicazione interpersonale.

- Unisce le persone che si stanno allontanando affettivamente, soprattutto per incomunicabilità.

Generalmente sono persone egoiste e occupate nelle loro attività, hanno poco interesse e sono eccessivamente esigenti con gli altri.

Vivono concentrate sulle loro preoccupazioni, obiettivi e mete, senza potersi staccare da esse, senza riuscire a guardare chi li circonda, e quindi le persone che li circondano si sentono dimenticate.

Devono imparare a investire il loro tempo per comprendere gli altri.

- Aiuta a riavvicinare le coppie che si stanno allontanando, perché troppo preoccupate dalle rispettive esistenze.

È come se l'essenza portasse gli individui a guardarsi in faccia, a vedere cosa sta facendo e cosa sta provando il proprio partner, nonché a capire cosa serve per riavvicinarsi.

- È anche notevole l'azione migliorativa di questo fiore nell'interesse e nel desiderio sessuale quando la monotonia el'ovvio si sono insinuati in un rapporto.

Questo rimedio non è indicato solamente per i rapporti amorosi uomo-donna, ma anche per i legami familiari.

Può essere usato quando un membro della famiglia stravolge la propria esistenza a causa di droga o di altri problemi, mentre il resto della famiglia ne rimane all'oscuro, perché troppo assorbita dai propri impegni personali.

Proprietà di Bush Gardenia:
- Rinnova passione e interesse all'interno della coppia, nei legami familiari e nelle relazioni quando ci si allontana perché presi dalle rispettive esistenze.
- Migliora la comunicazione nelle relazioni, anche tra genitori e figli, tra fratelli.
- Aiuta a riavvicinarsi, a vedere l'altro, se stessi, la relazione con nuovi occhi.
- Nel composto **Sexuality** favorisce il rinnovamento in questo aspetto della coppia.

Sexuality è il composto dei Fiori Australiani dedicato a rinnovare la passione, la sensualità, l'autoaccettazione, il piacere e la gioia legata al tatto e all'intimità.
- Favorisce il riequilibrio di timidezza, vergogna e delle conseguenze emozionali negative di abusi, fisici o verbali.
- È indicato per tutte le difficoltà fisiche, psicologiche ed emozionali verso la sfera sessuale, spesso vissuta male per vari motivi o per vissuti personali.
- Può aiutare ad accettarsi completamente e a sentirsi a proprio agio con il proprio corpo e il contatto fisico, permettendo di vivere pienamente l'intimità fisica ed emotiva, e rinnovando la passione.

Il composto **Sexuality** è costituito dai seguenti fiori:
- Billy Goat Plum: favorisce l'accettazione completa e la consapevolezza del proprio corpo, della fisicità, la scoperta o il ritrovamento del piacere fisico e sessuale. Soprattutto in caso di sensazioni e percezioni negative

dovute a traumi e abusi.
- Bush Gardenia: aiuta a rinnovare la passione e l'interesse verso l'altro e gli altri, migliorando la comunicazione interpersonale, di coppia, nelle relazioni in generale, e anche nella sessualità.
Favorisce il recupero delle attenzioni reciproche.
- Flannel Flower: è utile per migliorare l'accettazione e il vivere il contatto fisico, favorendo così il piacere delle sensazioni fisiche, ma anche delle gentilezze, delle parole gentili, delle coccole.
Aiuta, inoltre, la libertà di esprimere se stessi agli altri, con gesti e parole.
- Fringet Violet: è indicato per la rottura del campo energetico a causa di abusi o relazioni non in sintonia con noi: rimuove le conseguenze negative delle preoccupazioni per il presente e il passato, protegge e favorisce la rielaborazione di ricordi traumatici.
- Little Flannel Flower: aiuta a recuperare e riscoprire la complicità, la spontaneità e la voglia di giocare, scherzare, divertirsi.
- Sturt Desert Rose: in questo composto è indicato per i sensi di colpa e di vergogna legati a convinzioni, credenze o mancanza di autostima nel campo della sessualità e della relazione di coppia.
- Wisteria: è specifico per gli abusi subìti dalle donne (Flannel Flower per gli uomini), dona fiducia in se stessi e nel partner.

Consigli d'uso
- Sette (7) gocce sotto la lingua, mattino e sera, al risveglio e prima di addormentarsi.

Bush Iris

Paura della morte, materialismo, rifiuto della spiritualità, negazione di tutto ciò che è materiale, ateismo, estremismo.
Percezione spirituale dell'individuo e della realtà al di là del piano materiale e fisico.

- Consente all'individuo di accedere alla propria dimensione spirituale e di aprire le porte delle proprie percezioni più fini. Permette che la fede penetri nel profondo dell'individuo.

Si tratta di persone che soffrono un profondo attaccamento ai possessi materiali: avari, mondani, generalmente hanno una concezione atea della vita.
Possono avere anche tratti di intellettualismo, incredulità ed eccessivo realismo.
Le principali emozioni che vivono sono: avarizia, paura, insicurezza, possessività, frustrazione, insoddisfazione, blocco, poca sensibilità e scarsa capacità di emozionarsi.
La funzione principale di questo fiore è lo sviluppo della vita spirituale, l'amplificazione della coscienza e il combattere la paura alla morte. Aumenta la percezione.
Quando l'individuo deve sviluppare la sua vita spirituale perché trova piacere solo negli eccessi e nella soddisfazione delle proprie necessità, come possono essere assuefazioni, sesso, alimentazione. È un ottimo rimedio nei casi in pazienti terminalio dominati per la paura alla morte alleviando l'angoscia e la sofferenza collegate a questa transizione.

Christmas Bell

Senso di perdita sia emozionale che materiale.
Per aiutare a manifestare i propri desideri, per chi ha un senso di mancanza sia a livello emozionale che materiale.
- Il nome stesso del fiore "campane di Natale" corrisponde a un periodo dell'anno che è tradizionalmente associato alla gioia nel dare e nel ricevere, amore e doni, che simboleggiano pace nei legami affettivi.

Proprietà del Christmas Bell:
- Riequilibra il senso di mancanza, a livello materiale, spirituale ed emozionale
- Favorisce la capacità di manifestare i propri desideri e la gestione dei propri beni
- A livello spirituale, aiuta a comprendere che le cose più importanti non sono a livello fisico e materiale, e a non farsi distrarre dalla dispersione di tempo ed energie nella ricerca delle cose terrene, ma a focalizzare e raggiungere lo scopo della vita e creare relazioni amorevoli.
- Christmas Bell è contenuto nel **Composto Ottimismo**.

Ottimismo è il composto dei Fiori Australiani che promuove il pensare positivo, la fiducia nell'Abbondanza dell'Universo, nella Vita e nel futuro.
- La composizione favorisce un'apertura mentale ed emotiva che permette di godere della fiducia nell'abbondanza della vita, di nuove e diverse prospettive.

Può essere utile per chi è scoraggiato e per quando si tende a focalizzarsi solo su aspetti negativi.

Permette di ritrovare ottimismo, allegria e la fiducia nelle proprie potenzialità e nel futuro.

Il composto Ottimismo è costituito dai seguenti fiori:

- Bluebell: il fiore per l'apertura del cuore , aiuta a ritrovare la capacità di dare e ricevere, e quindi di amare e ritrovare la fiducia nell'Abbondanza universale e nella Vita, nonostante tutto.
- Boab: indicato per prendere coscienza e cambiare modelli mentali ed emozionali acquisiti, anche in merito a denaro, vita, felicità, fortuna, abbondanza.
- Christmas Bell: è il rimedio floreale che aiuta a manifestare i propri desideri e bisogni, imparando ad apprezzare sia il donare che il ricevere, e lo scambio di doni tra noi e la vita.
- Five Corners: il fiore dell'autostima, per la stima di sé ma anche della vita.
  Aiuta ad accettarsi e ad apprezzare la propria bellezza, le proprie caratteristiche e capacità, donando fiducia verso il futuro, la vita, le situazioni.
- Philotheca: indicato per imparare ad accettare i propri successi e i riconoscimenti che ne derivano (anche solo per accettare i complimenti), il 'meritare' gioia e abbondanza, il riconoscere e ringraziare per tutto ciò che ci riserva la vita.
- Pink Flannel Flower: migliora la visione positiva delle cose, il senso di gratitudine anche per le piccole cose che la vita ci offre e per ogni esperienza, consapevoli che tutto ciò che accade è utile per la propria evoluzione.
- Southern Cross: favorisce un punto di vista diverso da cui considerare gli eventi, con ottimismo e fiducia anziché vittimismo, aiutandoci così a fidarci e a partecipare attivamente alla vita.
- Sunshine Wattle: riporta luminosità nella visione delle

cose, favorendo l'accettazione e il piacere della bellezza del presente, del futuro e della vita in generale.

Consigli d'uso di Ottimismo
- Sette (7) gocce sotto la lingua, mattino e sera, al risveglio e prima di addormentarsi.

Il composto Ottimismo può essere indicato per gli anziani, soprattutto se soli, per grandi cambiamenti e momenti critici della vita (sostenuto magari anche da Stress Stop o fiori personali), per affrontare con fiducia eventi e situazioni 'pesanti', anche malattie croniche.
È indicato anche quando si rimane bloccati nel passato, di cui si rivivono continuamente le esperienze negative che limitano la speranza e la fiducia nei cambiamenti, nelle soluzioni e nelle possibilità di qualcosa di migliore.

Crowea

Questo fiore ha un potente effetto calmante sulla mente e sul corpo, per l'ansia e lo stress, donando una intensa sensazione di benessere e quiete. Preoccupazioni, perdita dell'equilibrio, mancanza di sicurezza di se stessi, sensazione di non essere abbastanza adeguati: ansia.
- Il fiore dona la riscoperta dell'equilibrio individuale e un rinnovato contatto con i propri sentimenti.

Questa personalità è caratterizzata da essere abitualmente insoddisfatta da se stessa, deconcentrata, scontenta.
- Vivono preoccupandosi ossessivamente e sono presi da una vaga sensazione di paura e panico che non è definita né concreta.

Sono persone che hanno difficoltà a essere felici o a rilassarsi, quindi, sono spesso di cattivo umore e irritabili.
- La lezione che insegna questo fiore è quella di non vivere incessantemente preoccupati.

E' un fiore ottimo per le personalità ipocondriache ed eccessivamente preoccupate per tutto.
Sono persone che non sanno assimilare la realtà e gli avvenimenti e ciò fa in modo che non riescano neanche ad assimilare bene i cibi.
Soffrono anche di insonnia spesso e non sanno rilassarsi, sempre perché non sono capaci di godersi la vita e allentare la tensione.
Questa tensione costante gli procura un dolore interno molto profondo che non accetta a livello cosciente e vuole tenere nascosto e racchiude in sé anche un sentimento di inferiorità, e di colpa.

- Ottimo per la sindrome premestruale.

Crowea è anche eccellente per l'ulcera e altri disturbi dello stomaco come regolatore dell'acidità gastrica.
Ha inoltre effetto sui muscoli, sui tendini.
Utile nei casi di asma, spasmi bronchiali e dolori ai muscoli intercostali: Crowea risulta essere un eccellente strumento per glieterni ansiosi.

Dagger Hakea

Si tratta di individui dominati da sentimenti intensi di amarezza e risentimento verso persone che sono molto vicine o con cui sono stati legati affettivamente, familiari, compagno, amici.
Sono persone un po' pungenti e che utilizzano a volte parole taglienti o per coloro che provano ancora vecchi rancori nascosti che tengono dentro di sé, mentre parallelamente sviluppano una maschera di apparenza tenera e dolce.
Incapacità di perdonare e di dimenticare.
Senso di amarezza nei confronti di una famiglia chiusa, degli amici e dei propri cari.
Riscoperta della capacità di perdonare e di esprimere apertamente i propri sentimenti.

- Favorisce l'elaborazione e la conseguente risoluzione di particolari situazioni cariche di risentimento e astio in cui sono coinvolti rapporti interpersonali importanti.

Questo fiore è molto utile in relazioni finite male o in liti familiari, specialmente se l'individuo è dominato da sentimenti di risentimento, amarezza e sensazione di essere stato trattato ingiustamente.

- A livello fisico disintossica il fegato drenandolo.

Dog Rose

La pianta è folta e può raggiungere i 2 metro di altezza, ed è diffusa in tutta l'Australia, ad eccezione della parte occidentale e del Territorio del Nord.
Fiorisce a fine primavera e fino all'estate, con fiori a sei petali color rosa intenso o sfumato fino al bianco, pendenti verso il basso, quasi a ricordare l'aspetto cadente di persone sconfitte, timorose o prive di energia.
Cresce vicino all'acqua, formando a volte fitti boschetti, su pareti rocciose o in zone umide.
- La sua crescita vicino all'acqua lo lega alla segnatura della paura, su cui agisce.

Per chi ha paura o soffre di fobie, per i timidi e gli apprensivi.
Per chi è assillato da timori infondati.
- Il fiore ridona fiducia e sicurezza in se stessi.

Aiuta a scoprire un rinnovato coraggio per affrontare gli altri e la capacità di abbracciare e godere pienamente la vita.
- La personalità Dog Rose ha come caratteristica centrale l'essere dominata da una profonda sensazione di paura per le cose della vita quotidiana.

Queste paura riflette una mancanza di autostimae coraggio.
Altri tratti significativi sono la timidezza che può tradursi in balbuzie, la condotta inibita che normalmente manifesta insicurezza, ansietà e apprensione per gli altre.
Vive la sensazione che non c'è direzione nella quale avanzare che scopre un nucleo emozionale legato alla sfiducia della vita e la paura delfuturo e questo porta rabbia e angoscia con se stesso per le sue insicurezze, oltre che apprensione.
Dog Rose dona a queste persone più confidenza con il proprio

mondo interiore e conseguentemente permette una maggiore libertà di espressione.
- Le conseguenze delle paure a livello psichico sono costituite per molti da problemi di stomaco che possono degenerare in ulcere da iperacidità.

Le paure costanti possono anche indebolire la funzionalità delle ghiandole surrenali e diminuire la quantità di ossigeno nel corpo.
Dog Rose è utile nel caso di insonnia o per gli incubi notturni, oltre a essere utilissimo per l'ipocondria.
Proprietà di Dog Rose:
- Sicurezza, fiducia in se stessi, coraggio e amore per la vita.
- Tratta la paura in generale, vaga, generica o specifica, i timori più che il terrore o il panico: riequilibrando la paura, si ritrova energia, e la forza vitale torna a fluire.
- Aiuta in caso di timidezza, ansietà, insicurezza, mancanza di fiducia negli altri, agevolando il sentirsi a proprio agio e l'espressione di sé e lo star bene con gli altri.
- Coadiuvante nel trattamento di disturbi associati alla paura e insicurezza, come disturbi di stomaco, indebolimento delle ghiandole surrenali, enuresi nei bambini e negli adulti.
- Ottimo per gli incubi notturni, insonnia e per chi è facilmente impressionabile da film, notizie e avvenimenti.

Dog Rose of Wilde Force

Sono persone che hanno una gran paura di perdere il controllo, sisentono invase da emozioni intense.
Pensano di poter commettere una pazzia e molte volte questo li porta a essere eccessivamente rigidi e controllati.
Quando ci si trova a vivere una situazione pervasiva o emozionalmente carica accompagnata, per esempio da una contagiosa isteria collettiva.
Sofferenza senza una causa apparente.
- La funzione di questa essenza è aumentare l'autocontrollo e la capacità di prendere contatto con l'inconscio.

Il fiore dona calma, equilibrio emotivo, capacità di controllare l'intensità dei tumulti interiori o le manifestazioni esteriori degli stessi

Five corners

Essenza indirizzata alle lezioni universali dell'autostima e dell'accettazione di sé per riconquistare la confidenza con la propria bellezza interiore ed esteriore.
- È il rimedio della celebrazione dell'essere fisico e dell'essenza dell'individuo e aiuta a sentirsi sicuri della propria bellezza interiore ed esteriore.

Le persone che non si sentono a proprio agio con loro stesse, hanno la sensazione di essere schiacciate dal mondo e danno sovente l'impressione di fare di tutto per non farsi notare.
- Il fiore favorisce innanzitutto l'accettazione di sé e, di conseguenza, l'accettazione della bellezza del proprio essere a tutti i livelli.

Sono persone che soffrono profondamente di una terribile paura nei confronti della vita e dell'accettazione di quello che sono.
Come conseguenza, la loro vita di relazione non è felice.
Manca loro allegria e calore, e si comportano in un modo contenuto. La svalutazione del suo proprio corpo è un riflesso dell'insicurezza che li domina.
- La funzione di questa essenza è dare fiducia, curare la svalutazione e far sentire la persona in armonia con il proprio corpo. Aumentare il fluire dell'energia vitale.

Flannel Flower

Cresce nelle zone rocciose e sabbiose.
L'intera pianta è ricoperta da una peluria soffice e setosa che ricorda la flanella. Fogliame ramificato, vellutato, opposto profondamente lobato. Il fiore che ricorda molto la Stella Alpina, con i petali bianchi vellutati e con la punta verde, compare dalla primavera alla tarda estate.
Per chi non ama il contatto fisico con gli altri e non si trova a proprio agio con la propria intimità fisica ed emozionale.
Per chi trova difficoltà a esprimere a parole i propri sentimenti.
- Il fiore aiuta la scoperta della capacità di godere di tutte le manifestazioni fisiche e in particolare sensibilità al contatto fisico con gli altri e ridimensionamento dei propri confini.

Rinnova fiducia nell'esprimere e rivelare se stessi agli altri, attraverso la sensualità e la dolcezza.
Questa essenza definisce un caratteristico tipo psicologico floreale dove la persona manifesta una difficoltà a mettersi in contatto con il corpo.
- Questo lo porta a sfuggire il contatto fisico e a essere avaro nel dare e ricevere carezze.

Sono persone che normalmente appaiono diverse da quello che sono in realtà, infatti, sembrano avere a possibilità di grandi gesti di affetto. Invece questo non è reale e se le carezze sono presenti sono forzate o è poco profondo il vissuto interno che li accompagna.
- Si tratta di seduzione che normalmente è un tratto di personalità narcisistico e non un reale interesse per l'altro.

È comune trovare anche un blocco che ostacola la libera espressione degli affetti.

La funzione principale di questa essenza è dare la capacità di godere del contatto corporale, di essere libero nell'espressione dei sentimenti, tenero e sentire positivamente il contatto pelle a pelle.

Freshwater Mangrove

Per persone che hanno pregiudizi non basati sull'esperienza personale, ma tramandati di generazione in generazione.
E' il rimedio indicato per chi ha già predisposto certi schemi di pensiero circa qualche cosa o qualcuno (per esempio le forme di intolleranza razziale o religiosa). Il fiore dona umiltà e apertura verso nuove esperienze, persone e sentimenti.

- Aiuta a scoprire il Bello che caratterizza ogni persona e a liberarsi dai pregiudizi.

Un individuo saggio è colui che può percepire e accettare nuove conoscenze e teorie o vedere una nuova realtà considerando le cose da una nuova prospettiva.

- Questo fiore è utile nell'accettazione degli altri quando c'è un pregiudizio mentale preformato.

Apre il cuore quando vi è un pregiudizio per sentito dire, ma non per esperienza diretta, quando l'aspettativa di come le cose sonoo dovrebbero essere blocca la percezione della realtà.
Per l'individuo a cui è stato insegnato dalla famiglia a odiare le persone di una particolare razza o religione, ma che non ha alcuna esperienza personale per condividerli.

Fringed Violet

Appartiene alla famiglia delle Liliaceae, fiorisce in primavera e in estate, ama gli spazi aperti e soleggiati, ed è caratterizzata da una bellezza effimera, poiché i suoi eleganti fiori porpora si aprono per una sola mattina.
Diffusa su tutto il territorio australiano, è conosciuta come "giglio frangiato" o "viola frangiata".
Pianta esile ed eretta, dalle foglie erbacee, alta circa 14 cm, gambi lunghi e lisci che sostengono i fiori che vanno dal color malva al porpora e sono costituiti da tre petali frangiati con delle delicate ciglia.

- L'immagine delle sue ciglia ricorda l'aura, e una delle funzioni principali della pianta è proprio quella di ripristinare l'aura danneggiata in seguito a traumi o shock.

Lo stato Fringed Violet si caratterizza dall'esistenza di un'esperienza traumatica o di un shock che ha danneggiato la struttura psichica ed energetica dell'individuo.
Situazioni in cui si è sofferto per un attacco esterno che ha procurato uno strappo interno e questo fa emergere la vulnerabilità nell'affrontare quell'attacco che ha portato un gran dolore e depressione relativi al trauma non elaborato e del quale non si sono ancora rimessi.

- Inondato da questo vissuto di dolore, l'individuo vive con una paura crescente alla reiterazione dell'esperienza negativa.

Per un periodo successivo alla nascita, l'aura del neonato è aperta, come la fontanella anteriore.
Per proteggerla dagli influssi negativi, si possono applicare alcune gocce di Fringed Violet in quel punto.

Quest'essenza è molto utile a coloro che hanno subito un'amputazione e che possono sviluppare un qualche disturbo della consapevolezza corporea, come la sindrome da arto fantasma.
Fringed Violet mantiene integra la protezione dell'individuo, bloccando in questo modo le energie esterne indesiderate.

- E' ottimo per le persone che si lasciano svuotare dagli altri, nonché per coloro che inconsciamente assorbono gli squilibri fisici ed emotivi altrui.

Esaurimento provocati da persone ed eventi (come radiazioni) che ci circondano. Il fiore rimuove gli effetti delle preoccupazioni del presente e del passato. Protegge la psiche.

- Fringed Violet viene usato insieme a Flannel Flower per gli abusi sessuali subiti dagli uomini e insieme a Wisteria per gli abusi sulle donne.

Green Essence

Viene preparata con fusti e foglie di tradizionali erbe verdi fresche in base allo stesso metodo utilizzato per la preparazione delle essenze floreali (metodo solare).

- Essenza utile per ripulire e depurare l'organismo aiutandolo a eliminare l'eccessiva fermentazione, muffe e parassiti.

Topicamente può favorire l'eliminazione di problemi cutanei come eczemi e infezioni fungine.
Inserire 7 gocce di Green Essence in una piccola ciotola con un po' di acqua e bagnare l'area affetta lasciando asciugare. Ripetere due volte al giorno questa operazione per due settimane. Dopo questo ciclo, si può, eventualmente continuare l'applicazione di questotrattamento esterno, ogni due giorni.

- Come assunzione orale si consiglia l'uso per due settimane, 7 gocce, cinque minuti prima dei pasti (3 volte al giorno) per un periodo di 2 settimane.

Non abbinare l'uso topico e orale dell'essenza.

Green Spider Orchid

Incubi e fobie dovuti a esperienze del passato.
- Reazione esagerata alla vista del sangue.

Incapacità di entrare in comunicazione non solo con le persone, ma anche con altri esseri viventi e altre dimensioni spirituali.
- Il fiore favorisce l'espressione di potenziali capacità extrasensoriali.
  Permette di entrare in sintonia con tutti gli esseri viventi e con persone di lingue diverse.

Green Spider Orchid è contenuto nel composto **Spirituality**.

Spirituality è il composto dei Fiori Australiani che aiuta a risvegliare la spiritualità e favorisce il rapporto con la sfera intuitiva.
Aiuta ad approfondire questi temi, migliorando l'accesso all'Io più evoluto e protegge contemporaneamente la psiche e l'integrità dell'Aura quando ci si espone eccessivamente o in modo non competente ad energie sottili e pratiche spirituali.
Particolarmente indicata a chi pratica meditazione, yoga e altri percorsi sul tema della spiritualità, ma anche a chi ha difficoltà ad aprirsi alla spiritualità.
- Inoltre aiuta a mantenerci radicati e realistici nella ricerca e nella pratica spirituale.

Il composto Spirituality è costituito dai seguenti fiori:
- Angelsword: favorisce la comunicazione e l'ascolto con l'intuito, con l'Io più profondo, e il ritrovamento della pace interiore.
- Boronia: dona la chiarezza di pensiero e la quiete

mentale favorendo la meditazione e le pratiche spirituali.
- Bush Fuchsia: favorisce la comunicazione equilibrata tra i due emisferi cerebrali, perciò facilita l'equilibrio tra la razionalità e l'intuizione.
- Bush Iris: di colore viola, colore della spiritualità, in questo composto permette di accedere e connetterci alla dimensione spirituale, anche solo per comprendere i concetti spirituali come un nuovo punto di vista.
- Fringed Violet: è indicato come protezione per l'aura durante le pratiche meditative e spirituali.
- Green Spider Orchid: fa da antenna, migliorando la comunicazione telepatica e con altri esseri viventi (piante, animali) e favorendo l'espressione di potenziali capacità extra-sensoriali. Aiuta a comunicare "al di là delle parole", quindi, anche con persone sorde, mute, straniere o nelle incomprensioni nella comunicazione quotidiana delle nostre relazioni (esempio, genitori e figli, partners).
Indicato anche per la comprensione e le fobie derivanti da vite passate.
- Red Lily: aiuta a ricevere messaggi dalla nostra parte spirituale e a mantenere concretezza e concentrazione per vivere il presente.

Grey Spider Flower

E' il fiore per gli stati di terrore, panico, incubi, associati a un'ansia estrema e destabilizzante.
- E' una tipologia di paura che porta pupille dilatate, gola secca, tachicardia, una paura immobilizzante.

Utile negli incubi notturni dei bambini in cui la paura persiste per ore anche dopo il risveglio.
- Indicato negli attacchi di panico, dona fiducia, coraggio e calma.

Utile in casi di terrore da claustrofobia o agorafobia, quando si hanno fobie e si ha paura di rimanerne terrorizzati, per avere coraggio nelle situazioni spaventose, nella gravidanza per il terrore del parto, peril terrore conseguente a shock o traumi.

A parte il terrore estremo, il panico, la disperazione e la paura alla cosa soprannaturale c'è anche uno stato di allerta permanente, l'attesa di un pericolo imminente e la mancanza di fiducia e di fede in se stessi. Queste reazioni si producono davanti a situazioni limiti, come la minaccia di morte, la guerra o di fronte a ciò che è sconosciuto. In queste circostanze, la persona sente che la sua vita e la sua identità si trovano in pericolo.
- È importante avere presente che la paura sulla quale lavora questa essenza è quella che arriva di modo subitaneo e si impadronisce dell'individuo, disorganizzandolo e paralizzandolo.

Tuttavia, agisce anche come prevenzione, ad esempio, in quelle persone che devono esercitare un lavoro rischioso che ha bisogno dello sviluppo di un gran coraggio per affrontare situazioni potenzialmente ma realmente pericolose.

Proprietà di Grey Spider Flower:
- Riporta calma, coraggio e fede in stati di estrema paura, terrore e panico, eventi scioccanti e terrificanti a cui potremmo non sopravvivere.
  In particolare, nelle situazioni in cui il terrore e lo spavento arrivano all'improvviso (come l'attacco di panico).
- Utile nelle situazioni di grande nervosismo e paura, come, ad esempio, parlare in pubblico, o la paura del parto, in cui si è letteralmente paralizzati dalla paura o dall'angoscia.
- Aiuta a gestire situazioni e atmosfere pervase dal terrore, come in caso di guerra, incidenti o catastrofi naturali, anche se vissute da lontano come le notizie dei media.
- Dona coraggio, tranquillità e calma a coloro che lavorano in situazioni pericolose: polizia, artificieri.
- Coadiuvante negli attacchi d'asma (paura di soffocare, di morire) e nelle fobie (claustrofobia, agorafobia).

Gymea Lily

L'essenza è utile per attingere dalla nostra energia e ottenere la forza di essere se stessi e di fare ciò che deve essere fatto.
- E' un aiuto per realizzare pienamente il proprio destino superiore, scoprire la passione della propria vita e seguirla, compiendo quello che fa vibrare il cuore.

Ian White dice: "È il rimedio per coloro che desiderano condurre una vita straordinaria, volando alti come le aquile, senza rimanere intrappolati, come i polli nelle stie, nel torpore della mediocrità e nell'incuranza della realtà del consenso".
Perché i polli, in fondo, sanno che rimanendo troppo a lungo nella stia perdono la capacità di volare e incominciano a invidiare le aquile che si librano in alto.
- Le nostre convinzioni, che sono per noi confortevoli e che formano la base e la struttura della nostra società sono limitanti e generate dalla paura.

Vengono trasmesse fin dall'infanzia e continuamente rinforzate dai mass media e non c'è incoraggiamento nel creare la realtà all'interno della propria vita.
Se abbiamo un punto di vista e una convinzione diversa da quelli degli altri o abbiamo molto successo nella vita, l'essenza aiuta a mantenere la determinazione e l'attenzione nel fare ciò che si è consapevoli di dover fare, con una tale risolutezza che non si è per nulla preoccupati dell'opinione o del giudizio degli altri su di sé.
Un aspetto della dottrina delle segnature del fiore è che è talmente alto da non essere chiaramente distinguibile da terra oltre che irraggiungibile per coloro che stanno ai suoi piedi.
- E', quindi, indicata anche per gli individui dalla personalità molto estroversa o per coloro che sono

dominanti, carismatici e abituati ad andare per la propria strada.

Generalmente, questi individui sono dei leader naturali, che non hanno difficoltà ad assumere il controllo di una situazione e a prendere decisioni al volo senza nemmeno pensarci e vogliono assumere il controllo per fare funzionare al meglio le cose (non per autoritarismo).
Gymea Lily attenua questa tendenza, inducendo i soggetti a valutare se è opportuno, o effettivamente necessario, assumere un compito.
Li aiuta, inoltre, a essere più consapevoli degli altri, evitando di calpestarli, e a riconoscere che le persone vogliono realmente contribuire a loro modo, anche se a volte non è altrettanto dinamico o efficiente.

- Gymea Lily è indicata anche per i comportamenti mirati a ottenere l'attenzione e per il costante desiderio di affascinare. Può aiutare a trasformare in umiltà l'eccessivo orgoglio e l'arroganza.

Un'altra peculiarità di quest'essenza è di abbattere le barriere di paura e trepidazione che un individuo può avere nei confronti delle persone che detengono il potere, favorendo un avvicinamento e condivisione di idee tra le due controparti.

- L'essenza in questo caso ha una doppia azione molto interessante: trasforma i pensieri negativi che si hanno verso gli oppressori in positivi, e dissolve la paura che incutono.

Il pensiero è molto potente, gli oppressori creano situazioni di prigionia, ma esiste una responsabilità anche in chi subisce l'oppressione, in quanto è a causa del perpetuarsi di schemi di pensiero negativi che indirettamente ci si pone in una posizionedi passività.

- Dissolvendo queste negatività, l'essenza crea la possibilità all'oppresso di cambiare realmente, liberandosi così dalla sua stessa prigionia.

Proprietà di Gymea Lily:
- Per attingere dalla nostra energia e ottenere la forza di essere se stessi e di fare ciò che deve essere fatto: aiuta a realizzare pienamente il proprio destino superiore, scoprire la passione della propria vita e seguirla.
- Aiuta a mantenere determinazione, attenzione, risolutezza e la propria posizione senza essere influenzati da eventi, tendenze, opinioni esterne.
- Riequilibra la tendenza di persone dominanti, carismatiche, leader naturali di assumere il comando di una situazione, impartire ordini e invadere le competenze altrui, aiutando a valutare meglio se è necessario e opportuno intromettersi, e considerando di più la partecipazione degli altri.
- Utile nelle relazioni con persone di potere, dominanti, oppressori con una doppia azione: permette di avere pensieri più positivi verso costoro e ridimensiona la paura che incutono.
- Coadiuvante nel trattamento dei problemi delle ossa e della colonna vertebrale

Hibbertia

Per coloro che divorano informazioni e filosofie e che hanno un grande desiderio di imparare, studiando costantemente libri e partecipando a corsi. Si tratta di soggetti estremamente severi con se stessi, specialmente nel loro continuo inseguimento dell'apprendimento che spesso tende a renderli fanatici.
Tutte le informazioni non derivano però da una esperienza diretta e questo porta il rischio di non avere una reale comprensione e conoscenza della materia.
Sono personalità rigide ed eccessivamente autodisciplinate, eccitate dai propri successi.
- L'essenza dona l'accettazione dei propri limiti e la riscoperta della necessità di approfondire e arricchire le proprie conoscenze e filosofie di vita.

Proprietà di Hibbertia:
- Favorisce l'accettazione dei propri limiti e la riscoperta della necessità di approfondire ed arricchire le proprie conoscenze e filosofie di vita.
- Indicata per coloro che si sovraccaricano di informazioni per migliorare se stessi, per una cultura superiore, ma che non integrano e non fanno esperienza delle nozioni apprese
- Aiuta a integrare le informazioni e le conoscenze con le esperienze e l'intuito in modo equilibrato, favorendone l'utilizzo e distribuendo l'energia dalla testa/intelletto al cuore.
- Indicata in particolare per chi è rigido, inflessibile e severo con se stesso e nei propri ideali, rigidità che si manifesta nel corpo e negli atteggiamento.
- L'essenza favorisce l'accettazione e la fiducia in sé

senza la necessità di sembrare superiori.
- Sul piano fisiologico, favorisce il riequilibrio delle paratiroidi, il cui ormone controlla il metabolismo del calcio e del fosforo.

Illawara Flame Tree

E' indicato per quelle persone che si sentono rifiutate, lasciate in disparte, non amate: per chi ignora le proprie potenzialità e ha paura delle responsabilità.
Sono persone che sanno cosa devono fare, ma si sentono oppressi dalla responsabilità di farlo.
- Il fiore dona auto-accettazione, fiducia in se stessi e forza interiore.

Quando il rifiuto, immaginario o reale, viene manifestato, la persona ne risulta profondamente ferita, con una sensazione di abbandono. Per evitare possibili rifiuti fanno cose che non vorrebbero fare. Sanno di possedere certe abilità, ma non sono in grado di svilupparle o sfruttarle.
Ignorano le proprie potenzialità, rendendosi esenti dalla responsabilità di applicarle a se stessi.
- L'essenza aiuta a fare il promo passo verso la realizzazione del proprio potenziale, fa prendere confidenza con le vere aspirazioni della vita senza sentirsi schiacciati dalla responsabilità.

Sono persone che tendono anche a rifiutare se stesse cadendo, a volte, in uno stato di depressione.
Ottimo per i bambini perché può essere di aiuto in situazioni di esclusione, come dalla squadra di calcio o dal gruppo dominante oppure che vengono inseriti in una nuova scuola dove, se insegnanti e compagni non gli prestano molta attenzione, vivono questa situazione come un rifiuto e invece di cercare di fare amicizia, si scoraggiano.
- Questi soggetti sono caratterizzati da una particolare caratteristica psicologica in cui l'autoemarginazione, la sofferenza di fronte al rifiuto e la paura della

responsabilità formano la struttura centrale del quadro.

Un altro tratto caratteristico è l'intensa apprensione alle nuove situazioni o esperienze: senza dubbio, queste personalità sono molto insicure e costantemente bisognose di essere amate e accettate.
Soffrono molto di essere lasciate fuori da unasituazione, che sia generata da qualcosa di estremo o semplicemente trattarsi semplicemente di un fatto irrilevante della vita alla quale nessuna altra persona darebbe importanza.
Tanto la condotta apprensiva che la paura all'esclusione li portano a sviluppare un comportamento pregiudicato con la gente, benché in realtà questo atteggiamento sia una difesa davanti al dolore profondo che hanno causato le delusioni affettive, gli abusi la mancanza di essere presi in considerazione.

- La funzione principale di quest'essenza è dare fiducia, capacità di compromesso, forza interna, auto approvazione.

Aiuta ad affrontare il primo passo in situazioni nuove e toglie la paura dell'esclusione e del rifiuto.

- Questo fiore lavora molto bene in situazioni in cui esistono difficoltà e paure a farsi carico di responsabilità nuove, come la paternità, il matrimonio.

Utile anche nella menopausa dove ci si può sentire svalutati, con la sensazione di non essere desiderabili e per questo essere respinte.

Isopogon

Questo fiore aiuta a recuperare la memoria del passato.
Per le persone che desiderano ricordare abilità o informazioni apprese anni addietro: per chi è incapace di imparare dalleesperienze del passato.
Utile anche per le persone testarde e autoritarie che non si fidano degli altri, per genitori molto rigidi: individui che hanno bisogno di dominare e controllare gli altri con una costante supervisione e non riescono nemmeno ad immaginare che qualcun altro possa svolgere un lavoro altrettanto bene, o addirittura meglio di loro.
- Spesso ritengono di sapere più degli altri.

Sono persone dominate dal loro intelletto e che presentano una netta separazione tracuore e mente.
- Il fiore rende capaci di imparare dalle esperienze vissute, di ricordare il passato e di recuperare le doti perdute

Incapacità di imparare dall'esperienza: cattiva memoria.
Si caratterizza per avere una personalità testarda e manipolatrice. Sono persone che sono molto centrate nella loro vita intellettuale e completamente scisse dal loro mondo affettivo.
- Abitualmente dominanti, la loro chiusura mentale e la dissociazione li conduce a imparare poco o niente delle esperienze, in modo che vivono ripetendo errori.

Queste persone si sentono fortemente legate ai loro criteri e convinzioni indurite e con poca elasticità di pensiero e questonon li fa accettare i cambiamenti e adattarsi difficilmente alla cosa nuova.

- Generalmente sono persone rigide, critiche, amareggiate e con un'intensa repressione del loro mondo emozionale.

Proprietà di Isopogon:
- Migliora la capacità di attenzione, memoria e di assimilazione delle informazioni.
- Favorisce il recupero della memoria a lungo termine, recuperando anche ricordi lontani, nozioni e informazioni dimenticate nel tempo come ad esempio parlare una lingua straniera.
- Utile anche nelle situazioni in cui non si impara dalle esperienze o dagli errori, favorendo maggior consapevolezza e riequilibrio tra mente ed emozioni.
- Aiuta a sviluppare maggior flessibilità e comprensione nei rapporti interpersonali, riequilibrando la tendenza a controllare, manipolare o la prepotenza.
- A livello fisiologico può essere utile per chi soffre di disturbi della memoria e come coadiuvante nella demenza senile, e nelle riabilitazioni e rieducazioni post traumatiche per il recupero delle abilità.

Jacaranda

Persone costantemente indecise, fanno fatica a potere scegliere con facilità, dubitano sempre e cambiano idea.
Normalmente incominciano molte cose e non ne finiscono nessuna. In alcuni casi appare anche un sentimento marcato di indifferenza verso la vita.

- La struttura di queste persone gira intorno alla mancanza di fiducia in ciò che pensano e sono.

A volte consultano altre persone cercando risposte ai loro dubbi e incertezze, ma difficilmente le risposte che ricevono li motivano a smettere di dubitare.
Altri tratti del carattere sono il permanente nervosismo, la dispersione, il tono vacillante con cui si esprimono e la mancanzadi obiettivi nella loro vita, a volte accompagnata da un forte stato di confusione e disorientamento.
La funzione principale di questa essenza è dare capacità di decisione, oltre a chiarezza e rapidità mentale.

- E' il rimedio per le persone che iniziano i loro progetti e non li portano a termine, soprattutto perché sono distratti da altre fonti di informazioni.

Per chi vuole essere un po' dappertutto, senza seguire una precisae sola direzione.
Sono persone molto insicure su quale sia la giusta strada da prendere, altre volte cadono nel panico pensando di avere fatto lascelta sbagliata.

- Il fiore dona decisione, lucidità mentale, concentrazione e lucidità di pensiero.

Proprietà di Jacaranda:

- Dona decisione, direzione, concentrazione, chiarezza e

rapidità mentale, favorendo risolutezza e determinazione nel portare a termine progetti senza distrazioni o dispersione di energie.
- Utile in caso di sovra-eccitazione da difficoltà di concentrazione, di scelta e organizzazione che conduce a stress, tensione nervosa, stanchezza.
- La dispersione di energia si ritrova anche a livello fisico in disturbi come il reflusso gastro-esofageo o l'ernia iatale, dove i succhi gastrici rifluiscono dallo stomaco all'esofago creando disagio, come se l'acido non sapesse dove andare. Jacaranda è utile in generale in tutti i disturbi gastrici da continua tensione nervosa.

Kangaroo Paw

E' utilizzato per le persone la cui ingenuità estrema porta alla goffagine e alla difficoltà di relazione con gli altri causata dalla sensazione di essere limitati o fuori posto.
Utile anche per le persone insensibili che pongono eccessive domande agli altri o che non guardano i problemi altrui.

- Questo fiore sensibilizza verso i bisogni delle altre persone, dona l'abilità di sentirsi bene con persone con differenti passati e personalità e permette di capire quello cui gli altri hanno bisogno facendoli sentire rilassati e confortati.

Per chi non conosce le regole comportamentali del vivere in società, apparendo goffo e imbarazzato e insensibile.

- Il fiore rilassa, dà sensibilità e "savoir faire", aiuta nella riscoperta del piacere di stare con gli altri.

E' un'essenza valida anche per coloro che sanno sempre cosa è giusto dire, ma non riescono a esprimerlo per insicurezza o scarso coraggio.

- E' il rimedio che aiuta a comprendere come agire appropriatamente in tutte le situazioni.

Sono personalità con difficoltà di integrazione sociale e
inesperte nel relazionarsi con la gente: l'interazione è per loro un grave problema.

- Troppo centrati su se stessi, a volte egoisti, non percepiscono con facilità le necessità e le domande di coloro che li circondano.

Questo li porta ad apparire come insensibili, cosa che si deve più alla mancanza di coscienza o la goffaggine che alla presenza

di emozioni negative.
Un altro tratto caratteristico è la mancanza di capacità di ascoltare. Con poco "savoir faire", normalmente non sono visti dagli altri come individui attraenti per stabilire contatti e comunicazione. Sono persone restie a socializzarsi che evitano le relazioni.

- Gli dà fastidio la presenza di un gruppo: poco flessibili nella loro maniera di pensare, sono ostinati e non accettano facilmente una differenza di opinioni.

Molto sconsiderati e graffianti nelle loro conversazioni, tentano di evitare di stare in gruppi e le relazioni sono generalmente superficiali. Inesperti, rozzi, testa dura, hanno paura di essere ridicoli così tengono lontane le persone.
Alla base di queste personalità c'è 'insicurezza, svalutazione e squalifica di loro stesse.
Le funzioni più importanti di questo fiore sono dare all'individuo una maggiore capacità per percepire i segni che emettono gli altri, incrementare la sua sensibilità e avere buon livello di "feeling" nelle relazioni interpersonali.

Kapok Bush

Per chi si scoraggia facilmente.
Quando è richiesto uno sforzo si fanno inevitabili la demoralizzazione e l'abbattimento.
- Il fiore dona perseveranza e impegno: determina buona volontà per reagire allo stato di apatia.

Il maggior disagio appare, infatti, la mancanza di forza di volontà, perché ogni cosa appare troppo faticosa e queste persone emanano tristezza, depressione e finiscono per circondarsi di un clima monotono e deprimente.
- Questo rimedio aiuta a rispondere positivamente ai cambiamenti della vita, invita a non mollare, ad andare avanti fino a che la soluzione non è stata trovata.

Per l'impegno, la perseveranza, non arrendersi mai e non accettare la sconfitta, il destino.
Per bambini, che in ambito scolastico, non provano neanche ad affrontare una materia perché la trovano troppo difficile.
- Kapok Bush aiuta a reagire positivamente alle sfide dellavita.

Per coloro che possiedono una bassa resistenza alla frustrazione si scoraggiano con facilità e si dichiarano vinti davanti al più piccolo ostacolo che gli appare.
- Le loro reazioni tipiche sono quelle di rassegnazione, scoraggiamento e apatia.

Dietro questa maschera, si nasconde la paura di vivere, il sentimento di non valere quanto basta.
Il disfattismo è un altro tratto significativo dicarattere dei Kapok Bush.

La sensazione di "per quale motivo? che senso ha fare tutto questo, non servo a niente"? si unisce a un intenso sentimento di essere oppresso dai carichi della vita.

- Normalmente si trovano, nella storia di queste persone, forti carenze affettive e di amore nell'infanzia.

Le emozioni proprie di questo fiore sono: scoraggiamento, apatia, rassegnazione, scoramento, scoraggiamento, depressione, sensazione di sentirsi vinto, paura alla vita, svalutazione, resistenza al cambiamento delle cose, paura della morte, rancore conservato, rosicchiato dall'afflizione, sopraffatto, senso di colpa.

Lichen

Aiuta a essere consapevoli a cercare la speranza e la Luce nel momento della morte fisica.

Assiste nella separazione che avviene tra corpo fisico e corpo eterico nel momento della morte e premette di liberarsi dalle energie che tengono i legami con il mondo terrestre e creano un senso di disorientamento di fronte al confine tra il mondo terrestre e il piano spirituale.

Proprietà di Lichen:

- Facilita il passaggio verso la Luce, aiutando a essere consapevoli nel seguire la Luce nel momento della morte, perché l'anima non resti legata al piano terrestre.
- Assiste nella separazione tra il corpo fisico e quello eterico al momento della morte: è consigliabile per questo somministrare l'essenza prima della morte, anche giorni prima.
- Aiuta a lasciare le energie che trattengono sul piano terrestre, che creano senso di disorientamento nella fase di passaggio al mondo spirituale.

Little Flannel Flower

Per chi rifiuta il bambino che è dentro di sé.
Permette di esprimere la giocosità e la libertà di pensiero, aiutando arecuperare l'innocenza e la voglia di giocare.
Rimedio ottimo per i genitori, in quanto li aiuta ad abbandonarsi a se stessi, dimostrando di saper ancora cosa vuol dire giocare, e per i bambini che sono cresciuti troppo velocemente e tendono a fare propri i dispiaceri del mondo.
Utile anche per quei bambini che guardano molta televisione e ascoltano notiziari ed eventi negativi che danno una visione triste, dolorosa e negativa.

- Il fiore dona la riscoperta dell'innocenza, della voglia di giocare e di scherzare, di divertirsi e di essere spontanei

Sono personalità che normalmente percepiscono la vita e le cose con una prospettiva troppo ombrosa e seria.

- La preoccupazione li domina e non possono lasciare emergere la spontaneità e il bambino interiore.

Molte volte sembrano prive di vitalità e incapaci di godere dei giochi e del senso ludico della vita.
Con poco senso dell'umorismo, intellettualizzano le loro emozioni ed è come se portassero un gran peso nel suo cuore.
Sembra che abbiano molti anni più dei loro reali.

- Lo sguardo denota dolore, sofferenza, angoscia e manca di piacere.

Sono persone rigide e autocritiche, costa loro vedere il lato buono delle cose: prestano attenzione alle catastrofi e a incidenti di ogni tipo.
Costa loro, sebbene sono attenti alla sofferenza, dare affetto o fare qualcosa che abbia a che vedere con fare del bene ai

sofferenti.
- I bambini sono studiosi, giocano poco, non sono interessati agli sport, preferiscono la ricerca, il gioco di scacchi, andare in piazza o giocare con un animale domestico.
- Gli adulti vivono il mondo con eccessiva esigenza, correzione, severità, routine e senso del dovere.

Tanto i bambini come gli adulti sono noiosi.
La lezione del fiore è quello di imparare a essere spontaneo e lasciare che il nostro bambino interno si esprima senza paura.

Macrocarpa

E' un rimedio per l'energia, la vitalità e la resistenza fisica.
- Per persone esaurite, stanche e depresse: rinnova l'entusiasmo, la vitalità e l'energia.

Ottimo tonico per chi ha bisogno di "tirarsi su", può essere preso in un momento di grande stress fisico, quando è necessaria la resistenza o quanto si è raggiunta una meta difficile e si è talmente esausti da non riuscire a godersi il successo.
Ottimo per le persone in convalescenza.
Ma è importante non perdere di vista il fatto che questo esaurimento non è solo fisico, ma anche mentale, perché non solamente la persona non può fare, ma neanche riesce a pensare.

- Il Macrocarpa si caratterizza per la poca resistenza, la mancanza di forza e vitalità e la vulnerabilità tanto nel loro sistema immunitario come in quelli difensivi psichici che li lasciano con un basso livello di autoprotezione.

Normalmente accumulano dentro loro una forte energia emozionale negativa, del disfattismo e una tendenza a trascurare la cura della propria persona, come se avessero rinunciato inconsciamente a continuare.
Hanno una grande difficoltà a mettersi un limite, ma si sforzano ed eccedono oltre le loro possibilità.
Credono a 60 anni di avere la stessa energia dei 20: non conoscono o non vogliono essere coscienti dei loro limiti e arrivano a situazioni di stress senza capire gli stimoli che stanno nel loro interno.

Mint Bush

Disordine, confusione, disorientamento e "allarme interiore".
- Inizio di un tumulto e di un vuoto spirituale.

Aiuta a ritrovare chiarezza, calma e abilità nel gestire le situazioni anche spirituali: ridimensiona, appiana, armonizza.
- Mint Bush è ottimo quando ci si trova in un periodo di perturbazioni, come se si vagasse costantemente da una parte a un'altra nella confusione e nel dilemma, come quando si è indecisi se continuare una relazione o interromperla.

Mint Bush aiuta a gestire con efficienza situazioni particolarmente cariche di tensione.
Si consiglia di assumere 7 gocce della preparazione due volte al giorno (mattina e sera).
Le gocce devono essere somministrate direttamente sotto la lingua e trattenute in bocca per almeno 30 secondi prima di deglutire.

Monga Waratah

Ha la forma di una mano aperta che si stende, aiuta, quindi, la persona a trovare la propria forza interiore che permette di agire liberamente.
- Sono persone incapaci di fare le cose da soli e hanno continuo bisogno degli altri.

Tendenza a scaricare sugli altri i propri impegni: per persone facilmente dipendenti, che non si sentono mai "all'altezza" e che non riescono a esprimersi.

Può aiutare le persone a trovare la propria forza interiore che permetterà di agire liberamente: libera da ogni tipo di dipendenza da persone e comportamenti.
- Aiuta a rafforzare la consapevolezza di contare principalmente su se stessi, neutralizzando le situazioni che fanno sentire oppressi o soffocati in relazioni che non si ha il coraggio o non si possiede la forza di troncare.

E' una essenza che rafforza la propria volontà.

Per i problemi legati alla perdita del potere personale, al bisogno degli altri e alla dipendenza da essi.

La persona ha paura di non riuscire a farcela da solo, teme di non essere abbastanza forte, di aver bisogno dell'aiuto degli altri per andare avanti.

Il rimedio aiuta a recuperare il proprio spirito, a trovare la forza interiore e a chiudere le relazioni insane.

Mountain Devil

Il nome Mountain Devil deriva dal particolare frutto che presenta due protuberanze, che ricordano la testa del diavolo.
- Il rosso dei fiori indica l'intensità delle emozioni.
- I sette fiori simboleggiano la spiritualità, poiché questo numero rappresenta l'apprendimento di una lezione di cui, naturalmente, la più importante è l'espressione dell'amore.
- Le foglie aguzze, invece, sono come parole taglienti che tengono gli altri a bada infliggendo dolore.
- Il frutto, con le due protuberanze, ricorda la testa del diavolo.

Per essere liberati, i semi hanno spesso bisogno del fuoco che distrugge le scorie per rivelare il nocciolo: il semi alati sono comegli angeli che sono scampati al fuoco dell'inferno.
I frutti rimangono sull'albero per anni, come i vecchi rancori e il risentimento che richiedono un fuoco purificatore per essere eliminati.
- Personalità caute, egoiste, competitive e diffidenti, ma molte volte questa aggressività serve per occultare e difendersi da una profonda tristezza che non sopportano di ammettere a livello cosciente.

Generalmente centrati su loro stessi, chiedono, ed esigono, dagli altri come se questi fossero obbligati a dare, e possono reagire con violenza davanti alla frustrazione.
- Odiare un altro è equivalente a odiare se stesso: quello che pensiamo degli altri è quello che stiamo pensando di noi stessi, benché non lo vogliamo accettare, per questo motivo l'altro ci serve da specchio.

Ovviamente, è più facile proiettare le nostre carenze e incapacità in quelli che ci circondano, e non vederle in noi stessi.

La predominanza di queste emozioni negative fa sì che non raggiungano facilmente la sensazione di "felicità".

Devono imparare a perdonare e ad amare, rallegrarsi della felicitàdegli altri e poterla condividere.

- L'essenza sviluppa la generosità, il dare e il condividere.

Risveglia la parte migliore di ognuno e permette di godere dell'amore.

- Deve essere utilizzato in tutti gli stati emozionali dove si percepisce mancanza di amore, nelle sue diverse manifestazioni.

L'amore è la forza più importante della vita, e ogni evoluzione umana si basa sulla nostra capacità di esprimere sempre di più quantità di amore. Gli stati negativi che indicano mancanza di amore sono l'odio, la gelosia, l'ira e il sospetto, emozioni che si vedono quotidianamente e che questa essenza tratta.

- L'essenza libera e pulisce l'odio, l'ira e le altre emozioni che ci bloccano.

Tuttavia, facendo questa "pulizia", può apparire una profonda tristezza che è il riflesso di quella mancanza di amore verso noi stessi che contemporaneamente ostacola il nostro amore verso gli altri.

Mulla Mulla

Questo rimedio è per quelle persone che hanno avuto esperienze traumatiche con il fuoco, come l'essere bruciati a causa di un incendio o con oggetti caldi.

- Queste persone sentono apprensione o paura al fuoco o al caldo, e hanno difficoltà con strumenti domestici come canne fumarie, forni, stufe.

Può essere necessario preparare una crema o gel con l'essenza da applicare localmente: l'effetto di questa essenza sulle scottature è spettacolare.

La paura del calore e del fuoco è spesso inconscia, e può manifestarsi con una mancanza di vitalità, come accade durante il periodo estivo, quando fa molto caldo e c'è molta afa.

Tutte le volte che nel corpo c'è una sensazione bruciante, è bene pensare a Mulla Mulla, come nel caso di vaginiti, eczemi o vampate di calore in menopausa.

- Lavora molto bene nei casi di febbre alta, abbassandola.

I bambini hanno, comunemente, la febbre quando sono ammalati e Mulla Mulla allevia la paura causata dall'alta temperatura: la febbre esaurisce il bambino e questo gli causa paura; tale paura ruba ossigeno al corpo inibendo ulteriormente la capacità di controllare lo stato febbrile.

- Un'altra caratteristica di quest'Essenza è di proteggere dalle radiazioni.

Protegge, infatti, dall'azione negativa dei raggi ultravioletti prodotti per la distruzione della cappa di ozono: aiuta, inoltre, a respingere l'elettricità statica che si assorbe durante un volo e che causa una diminuzione di potassio, ossigeno e acqua nelle cellule.

- Utile anche nei casi di problemi alla pelle che peggiorano se lapersona si espone al sole e, logicamente in caso di scottature.

Per persone intolleranti al caldo e al sole, specialmente in estate. È stato anche usata in persone che manifestano pesantezza nellegambe, quando fa molto caldo.
- In ustioni molto gravi, anche di 3° grado, l'essenza di Mulla Mulla è stata utilizzata con il risultato di evitare plastiche cutanee.

Nelle ustioni di 1°e 2° grado aiuta ad alleviare il dolore e già il giorno dopo la cute non presenta più alcun segno, anche con le scottature causate da acqua bollente o per esposizione solare.

Old Man Banksia

Rimedio per le persone tristi, che spesso hanno scarsa energia e che sono lente nei movimenti ed estremamente pigre: sono scoraggiate, stanche, fiacche, indolenti e spesso soffrono di una attività tiroidea rallentata.
- Ma nascondono il loro affaticamento e lottano con uno sforzo incessante.

Sono ottimi ascoltatori, amano aiutare gli altri e non sanno mai dire di no: sono persone con un notevole buonsenso che non fanno nulla di fretta, sono pratiche, metodiche e molto pazienti e disponibili.
- Il fiore aiuta a gestire qualsiasi situazione che la vita presenta e a riconoscere i propri limiti dando il coraggio di diredi no.

Per le persone generose, amanti del focolare domestico che non sanno rifiutare le richieste di amici e familiari superando i propri limiti fisici ed emozionali.
Di solito preferiscono un abbigliamento che non accentui le forme o la sensualità in pubblico perché non vogliono essere al centro dell'attenzione.
- Questo rimedio si associa al tipo di personalità lente di pensiero enel'azione, di basso livello energetico e carenti di passione per la vita.

Ian White dice che: "Sono di natura più terrena, come se la gravità esercitasse maggiore influenza su essi. Per questo motivo operano meglio nel piano fisico o emozionale, più che nel mentale."

Hanno un camminare lento e pesante, come se trascinassero i piedi e sembrano essere sempre stanchi, o debilitati per qualche evento.

- Sono persone molto affezionate alla famiglia e in molti casi assumono il carico e la responsabilità di questa.

Si rapportano eccellentemente con i bambini, sono molto intuitivi e godono di questo di allegria.
Amano il contatto con la natura e generalmente preferiscono il clima di montagna.

- Sanno ascoltare grandi e bambini, sono pazienti, generosi e metodici.

Paw Paw

Quando una persona è in difficoltà nel prendere le maggiori decisioni della vita, rafforza il processo intuitivo, aiutando a trovare le soluzioni ai problemi senza sentirsi schiacciato dalla responsabilità.
- Dona la capacità di focalizzare il problema, lucidità e chiarezza.

Utile quando una persona è stata esposta a molte informazioni o idee nuove faticose da assimilare.
Risulta, perciò, adatto agli studenti soprattutto nel periodo degli esami, o per coloro che si trovano a disporre di poco tempo per studiare e che finiscono per scoraggiarsi senza nemmeno iniziare.
- Paw Paw risolve questa situazione e aiuta a compiere il primo passo.

E' un rimedio talmente intenso che è possibile assumerlo in dosi uniche ogniqualvolta uno studente, o chiunque altro si trovi in una situazione simile, si senta sopraffatto o in difficoltà a integrare le informazioni nuove.
- È indicato prima o dopo un seminario o un convegno per assimilare le conoscenze.
- A livello caratteriale è utile per quelle persone che si sentono oppresse, incapaci di risolvere problemi e che cadono con facilità in quadri di prostrazione ed esaurimento.

Riorienta e dà la direzione quando bisogna prendere una decisione e allevia la tensione emozionale.
È un rimedio talmente intenso, che è possibile assumerlo in dosi uniche ogniqualvolta una persona si trovi nella difficile

situazione di dover integrare nuove informazioni.
È indicato, ad esempio, prima o dopo un seminario per assimilare il nuovo materiale.

- A livello fisico si combina bene con Crowea per tutti i disturbi digestivi, addominali e di malassorbimento.

Peach Flower Tea Tree

E' il rimedio per coloro a cui manca la volontà di continuare qualcosa per cui inizialmente avevano grande entusiasmo e che ora li ha lasciati senza interesse: coloro che sono soggetti a sbalzi d'umore, a umori altalenanti e all'ipocondria.
Il fiore aiuta a trovare un rinnovato equilibrio.

- Fa accrescere la responsabilità per la propria salute e stimola la volontà di completare i progetti di viene perso velocemente l'interesse aiutando a sviluppare costanza, coerenza e a trovare le giuste motivazioni.

Essendo persone rapide nell'acquisire qualsiasi cosa in breve termine, vengono sopraffatti dalla noia e quindi lasciano perdere il progetto.
Un aspetto positivo di questa essenza è dato dai bilanciamenti emozionali, dalla confidenza con se stessi, dall'abilità a raggiungere i traguardi prendendosi la responsabilità per la propria salute senza esserne angosciati, mentre solitamente le persone che hanno bisogno di questa essenza perdono molto tempo ed energie, si deprimono di fronte alla propria inconsistenza e si sentono frustrate davanti a ogni perdita. Persone che perdono facilmente l'interesse di una attività o di un progetto dopo che l'hanno iniziato.

- Hanno difficoltà a stabilizzare le proprie emozioni, poiché lidominano sempre umori cangianti ed estremi.

Quando sono di cattivo umore sono aggressivi e taglienti con gli altri: monotoni, noiosi, privi di buonsenso, poco volenterosi e paurosi delle malattie.

Hanno paura della vecchiaia, dell'inquinamento, di intossicarsi o contagiarsi se visitano un malato.
In generale, dissipano la propria energia e tempo, e questo li porta a perdere sempre le opportunità, motivo per il quale si deprimono e si frustrano.

- Il fiore provvede alla stabilità fisica e psichica.

Sviluppa la forza di volontà per arrivare alle mete senza scusarsi con paure.
Le emozioni dominanti in questo fiore sono: frustrazione, abbattimento, depressione, mancanza di entusiasmo, noia, paura del deterioramento fisico, incapacità a esprimere e assimilare amore o dominare l'odio.
Peach Flowered Tea Tree è un equilibrante del pancreas anche per insulino dipendenze.

- Gli aspetti positivi di Peach Flowered Tea Tree sono l'equilibrio emotivo, la fiducia in sé, la capacità di raggiungere gli obiettivi, nonché di assumersi la responsabilità della propria salute, senza eccessive preoccupazioni.

Philoteca

Utile per promuovere l'autostima e proporsi nuovi traguardi, ha effetti benefici sul sistema linfatico.
- Questa qualità è importante per capire la caratteristica principale di questa essenza, in quanto aiuta la gente ad accettare il riconoscimento degli altri sulle loro capacità e successi.

C'è un inconscio senso di colpa che li costringe a rinunciare a quelle lodi: non possono riconoscere e accettare le loro caratteristiche positive.
- Spesso è generoso, altruista, nonché un buon ascoltatore, ma ha difficoltà a riconoscere se stesso, ad accettare i complimenti degli altri ed è tendenzialmente timido.

E 'importante che noi consideriamo gli obiettivi e accettiamo anche il riconoscimento per i nostri successi, perché ci aiuta a rimanere in contatto con i nostri progetti e gli obiettivi che a loro volta ci permetteranno di raggiungere gli scopi della vita.
- Queste persone danno troppo di sé, ascoltano attentamente gli altri, sono timidi, non si fidano e non accettano il riconoscimento e la lode.

Sono condizionati dalla più tenera età a non avere successo, perché sentono inconsciamente che avrebbero a pagare a caro prezzo per questo.
Inoltre, sentono invadere facilmente lo spazio personale e questo è vissuto come un pericolo.
- Generalmente sono fatalisti e accettano il loro destino senza combattere.

Proprietà di Philotheca:
- Favorisce il riconoscimento di se stessi, delle proprie capacità e dei propri successi, insieme all'accettazione di sé e dei complimenti, riconoscimenti e amore da parte degli altri.
- Promuove autostima in coloro che sono spesso messi in ombra da altri, o si eclissano, non per debolezza, ma per la loro naturale reticenza o generosità, incoraggiando e sostenendoli nell'agire
- Indicato per coloro che si prendono cura degli altri, favorendo la capacità di ricevere e di dare.
- Philotheca aiuta nella convalescenza, favorendo l'accettazione del riposo necessario e dell'aiuto di chi si prende cura di noi, quando ne abbiamo bisogno.
- Aiuta a porsi nuovi traguardi e ad apprezzarne i risultati, permettendo di restare concentrati sugli obiettivi e sui progetti che ci consentono di realizzare il fine della nostra esistenza.
- A livello fisico, agisce sul sistema linfatico come Bush Iris.

Pink Flannel Flower

La sua essenza permette di essere riconoscenti per tutti gli aspetti della vita e per quello che sperimentiamo intorno a noi.
- Ci dona l'opportunità di apprezzare e godere in ogni momento delle piccole cose della vita nella consapevolezza della propria preziosa esistenza.

Diversamente, la vita potrebbe facilmente divenire noiosa, priva di colore, piatta con la conseguente perdita della "gioia di vivere".
La comprensione è la porta per la realizzazione e la pace e questa essenza può aiutarci a capire e ad apprezzare quando gli eventi arrivano inaspettatamente, e ci permetterà di vedere la situazione attraverso una lente che ci dona la capacità di valutare le cose da un'altra angolatura e non solo attraverso la rabbia e il giudizio.
- Il Pink Flannel Flower è presente solo nelle aree più alte delle Blue Mountains dove cresce solitario nei posti più isolati.

Proprietà di Pink Flannel Flower:
- Dona gioia di vivere e riconoscenza per gli aspetti della nostra vita e per ciò che sperimentiamo, favorendo la capacità di apprezzare e godere in ogni momento delle piccole cose della vita, nella consapevolezza della nostra esistenza.
- Favorisce consapevolezza, gioia e gratitudine che permettono l'intelligenza del cuore, intuizione e saggezza verso soluzioni di situazioni e cambiamenti che viviamo.

Ciò permette anche di essere più consapevoli delle cosiddette coincidenze e sincronicità.

- Aiuta nella comprensione delle cose quando queste non vanno come vorremmo, favorendo la visione degli eventi da una diversa angolazione per apprezzare ogni piccola cosa che la vita ci propone.
- Apre e bilancia cuore e mente, ad esempio, nelle nuove generazioni e in coloro che sono altamente tecnologici e reprimono le interazioni sociali ed emozionali con possibili blocchi nella sfera dei sentimenti.

Pink Mulla Mulla

Pink Mulla Mulla cresce nelle zone rocciose dell'entroterra australiano ed è caratterizzato da una suggestivo fiore a forma di testa rosa-viola
Per coloro che hanno subito una ferita spirituale profonda e antica, risultato di qualche trauma, che ha lasciato una vecchia cicatrice nell'anima e nella psiche.

- Il fiore aiuta a risolvere il trauma originale al di là dello stato di coscienza.

Persone che si chiudono a riccio per tenere gli altri a distanza: sono isolati e solitari.
In passato si sono sentiti denigrati, feriti oppure trattati ingiustamente, e ne sono rimasti profondamente influenzati, tanto da apparire profondamente feriti, quindi, nei rapporti con gli altri sono sospettosi.

- Dominati da una forte paura di essere feriti, sviluppano un comportamento reattivo: diventano dolorosi, acidi e critici.

Questo li porta ad avere molti problemi relazionali con il loro modo di esprimersi e confrontarsi con le persone.
Nascondono i loro sentimenti di insicurezza e di paura di essere feriti, coprendoli con linguaggio offensivo e aggressivo.
Spesso hanno pregiudizi e sono molto insicuri.

- La funzione di questa essenza è fornire sicurezza, ricettività, senza paura di essere invasi o feriti.

Mentre Southern Cross si auto commisera senza assumersi la responsabilità delle proprie azioni, Pink Mulla Mulla tende a proteggersi dalla possibilità di essere abusato o sfruttato.

L'Essenza aiuta ad aver fiducia, ad aprirsi e a interagire più liberamente.

Proprietà di Pink Mulla Mulla:

- Indicata in particolare per antiche e profonde ferite dell'anima, che lasciano cicatrici nel nostro essere.
  Ferite tuttora presenti nella psiche che ci inducono ad attuare sabotaggi a livello profondo, non evidente alla nostra coscienza.
- Favorisce fiducia e apertura in coloro che si chiudono a riccio a difesa, tendendo ad isolarsi, proteggendosi dalla possibilità di essere ferito nuovamente.
  Aiuta ad interagire liberamente con gli altri.
- Indicato nei processi di cambiamento e svolta per la sua efficacia e rapidità d'azione, specie in caso di resistenza al cambiamento.
  Facilita i progressi, aiutando a superare rapidamente le proprie resistenze.
- A livello fisico, contribuisce a correggere la rigidità fisica di vecchia data, derivante spesso dalle resistenze ad attuare cambiamenti profondi.

Red Grevillea

E' un rimedio molto potente per quelle persone che si sentono bloccate, intrappolate come in una tela di ragno, dipendenti da qualcosa o da qualcuno.
- Dà forza nell'allontanarsi da situazioni negative.

Sono persone ipersensibili, che si fanno condizionare dalle critiche e dalle persone sgradevoli.
- E' un rimedio utile quando ci si trova in una situazione che si vuole cambiare, perché si ha bene in mente cosa sarebbe meglio, ma non se ne ha il coraggio.

Il fiore aiuta a trovare la forza di lasciarsi alle spalle situazioni spiacevoli e l'audacia nell'intraprendere finalmente la propria strada.
- Rende indifferenti ai giudizi degli altri e indipendenti psicologicamente e coraggiosi.

Questi individui sentono che non possono avanzare e mantenere un progetto con volontà, equilibrio o entusiasmo e perdono forza e coraggio per proseguire.
Generalmente si associano ad altre persone perché in questa maniera si assicurano la continuità del compito, benché la maggioranza delle volte lo fanno in un modo distruttivo o con chinon devono farlo.
- Si sentono bloccati da lacci invisibili che li legano a persone o situazioni e sono generalmente molto sensibili alle critiche.

Questo li fa soffrire e tendere a rinchiudersi dentro se stessi fino a che ogni giorno costa loro più uscire dal guscio dove si rifugiano.

Molte volte questo li fa apparire come spiacevoli e scontrosi nelle loro relazioni.

Hanno chiaro l'obiettivo verso cui desiderano andare, ma di fatto per loro sono difficili da raggiungere le mete, poiché tutto quello che significa cambiamento o trasformazione è un grande ostacolo.

- La funzione del fiore è quella di promuovere l'indipendenza, affrontare sfide, avanzare, essere costanti e scoprire quale è la strada corretta verso le mete.

La lezione che ci insegna questo fiore è quella di imparare a essere indipendenti e avere coraggio.

Red Helmet Orchid

Red Helmet Orchid è una pianta nana con un'unica foglia cuoriforme che cresce sopra il fiore.
Questa orchidea ha la caratteristica di aiutare i padri a relazionarsi con i figli, annullando la stanchezza mentale dovuta a troppo lavoro per poter così disporre di più attenzione nel rapporto.

- E' utile anche per i figli quando ci sono problemi irrisolti con il padre, anche se deceduto o molto anziano, o per quelle persone che sono ribelli e hanno problemi nei confronti delle autorità e della legge.

Il fiore favorisce il legame padre/figlio, nella scoperta di una rinnovata forma di sensibilità e rispetto.
Proprietà di Red Helmet Orchid:

- Favorisce, armonizza e rivitalizza il legame padre e figli, aiutandoli a diventare consapevoli dell'importanza di nutrire il rapporto reciproco trascorrendo più tempo insieme.
- Utile in tutti i casi di problemi con le figure maschili, quelle autoritarie o con rappresentanti dell'autorità, spesso conseguente d un rapporto non soddisfacente con il proprio padre.
  Anche da adulti o dopo la morte del padre, aiuta a riequilibrare i blocchi emotivi causati da tale relazione.
- Aiuta a trovare la propria autorità dentro di sé.
- Stimola sensibilità e rispetto nelle relazioni padre e figli, ma anche nei confronti dell'ambiente e dell'intero pianeta, aiutandoci a rispettare il pianeta per rispettare noi stessi e tutte le forme di vita.

Red Helmet Orchid è contenuto nei Composti Adol e Relationship.

Adol è il composto dei Fiori Australiani che nasce per far fronte alle problematiche tipiche della fase adolescenziale, ma si rivela utile per tutti, non solo per gli adolescenti.
I temi caratteristici dell'età dell'adolescenza, vissuti, comunque, anche in età adulta, riguardano l'accettazione di sé, le relazioni e la comunicazione interpersonali, l'equilibrio emozionale, la partecipazione alla vita sociale, l'interazione con la famiglia da cui si cerca di rendersi indipendenti, la relazione e accettazione del proprio corpo che cambia.
Adol è composto è costituito dai seguenti fiori singoli:

- Billy Goat Plum: è specifico per le problematiche che riguardano l'accettazione e la relazione con il corpo e tutte le sue modificazioni tipiche dell'adolescenza, e verso tutti ciò che crea l'idea di "sporco".
  Utile anche per i problemi cutanei, come acne, eczema, psoriasi, herpes, condilomi, che concorrono a provocare una sensazione di corpo "non pulito".

- Boab: è il rimedio che aiuta a eliminare meccanismi e influenze di modelli familiari acquisiti e limitanti, favorendo la crescita personale individuale e indipendente.

- Bottlebrush: favorisce equilibrio nel rapporto madre - figlio e viceversa.
  Inoltre, è utile per favorire tutti i tipi di cambiamento, di situazioni (scuola, amicizie, casa) o di fasi della vita, come appunto l'adolescenza, aiutando proprio nei momenti di inadeguatezza, incertezza e apprensione per i cambiamenti.

- Dagger Hakea: è indicato per la gestione della rabbia e del risentimento per le persone più vicine, favorendo una miglior apertura ed espressione dei propri

sentimenti in modo equilibrato.
- Five Corners: è il fiore per l'autostima e l'accettazione di se stessi, ideale per favorire la cura di sé nel corpo e nel rispetto delle proprie energie, nelle relazioni in famiglia, con gli amici, con le figure di autorità.
- Flanner Flower: favorisce un approccio migliore, fisico e verbale, con una maggior sensibilità e gentilezza nel contatto e avvicinamento agli altri (amici e persone care).
- Kangaroo Paw: il fiore che ricorda la zampa del canguro, metà rosso e metà verde, come a indicare la fase di maturazione e cambiamento dell'adolescenza.
- Il rimedio favorisce una migliore attenzione anche alle necessità degli altri, oltre che a se stessi, permettendo così di sentirsi a proprio agio anche con coloro che hanno esigenze e personalità diverse dalle nostre.
- Red Helmet Orchid: è il rimedio che favorisce il rapporto equilibrato tra padre e figlio, e anche le relazioni con figure autoritarie e di autorità, come, ad esempio, gli insegnanti.
- Southern Cross: è utile per la tendenza al vittimismo, promuove il potere personale attraverso la presa di coscienza e di responsabilità delle proprie azioni e dei comportamenti per creare la propria realtà e vita.
- Sunshine Wattle: il rimedio che favorisce l'ottimismo, l'accettazione nel presente e una visione positiva delle cose e delle situazioni.
- Tall Yellow Top: svolge un'azione antidepressiva e nei vissuti di solitudine, spesso sperimentate in adolescenza e in altre fasi della vita.

Red Lily

Il giglio rosso è una pianta acquatica perenne che nasce da un rizoma strisciante subacqueo: cresce nelle paludi temporanee delle golene nel Top End dell'Australia.
- Il rimedio Red Lily aiuta a equilibrare il piano spirituale e quello terreno.

  Mantiene le persone con i piedi per terra, preservandone il senso pratico e, nello stesso tempo, consente loro di elevarsi fino a toccare i regni spirituali.

Incorpora le proprietà della spiritualità degli aborigeni australiani, una spiritualità molto forte e radicata.
- L'aspetto negativo del rimedio è rappresentato dagli individui che non si collocano sul piano terreno.

Non hanno alcun interesse per gli eventi mondani e per il presente, e tendono a fantasticare e a vivere nel futuro.
Spesso queste persone hanno uno sguardo nuovo distaccato, distante: generalmente vivono in una condizione infelice e, quindi, fuggono in un mondo fantastico, dove sognano situazioni diverse.
- Spesso le persone Red Lily hanno scarsa concentrazione, perché la loro mente è altrove.

Sono molte distratte e mancano di senso pratico: vivono attraverso il pensiero piuttosto che l'azione.
- Hanno pochi ricordi, perché non prestano attenzione agli eventi che accadono intorno a loro.

È frustrante conversare con queste persone, perché non ascoltano realmente ciò che gli si dice: interrompono spesso partendo per la tangente.

A livello fisico tendono a essere piuttosto maldestri perché non prestano attenzione a ciò che fanno, e possono essere vittime di ripetuti incidenti.

- Dormono molto, un'altra forma di fuga, e possono essere attratti dalle droghe, in particolare gli allucinogeni.

È un ottimo rimedio per coloro che hanno difficoltà a concentrarsi e a iniziare il lavoro affrontando i compiti pratici.

Red Suva Frangipani

Questa essenza è indirizzata alle emozioni di grande intensità, difficoltà e avversità nel caso di una relazione che sta attraversando un periodo particolarmente duro o che è finita.
E' specifica per i momenti relazionali contraddistinti da grande difficoltà e intensa freddezza.
- Il fiore dona rinnovata calma e soddisfazione.

Aiuta a trovare la pace interiore e la calma per affrontare le difficoltà.
- Quando ci sono dolore e agitazione intensi e immediati, di fronte alla minaccia o alla realtà che la persona amata ci sta lasciando, per separarsi o perché sta morendo.

Per le persone che durante la rottura di una relazione o in momenti di agitazione si sentono molto fragili e addolorati e piangono spesso.
Per la grande intensità emozionale, il dolore, la tristezza e lo sconvolgimento che le persone possono provare quando una relazione sta finendo o sta attraversando un periodo burrascoso.

Rough Bluebell

Questa essenza aiuta le persone a esprimere pienamente l'amore insito in se stesse e a insegnare ad amare e a sfruttare le proprie potenzialità.
- Fa esprimere l'amore incondizionato.

E' anche indicata per persone che feriscono, manipolano e sfruttano deliberatamente il prossimo, per i maliziosi, per coloro che sono fortemente centrati su se stessi.
- Il fiore dona compassione e sensibilità verso gli altri.

Libera le vibrazioni dell'amore, aiutando l'individuo a esprimerlepienamente, sviluppa l'empatia
Sono persone che fanno uso manipolativo di altre persone: hanno una grande capacità di percepire le debolezze degli altri.
Sono inclini ad avidità morale e manipolazioni psicopatiche.
- La funzione di questa essenza è di liberare l'oggetto dei propri desideri aggressivi, di dominio e di odio dalla propria personalità.

In clinica può essere utilizzato per liberare dalle tossine, curare leirritazioni della pelle, per persone perverse e crudeli.

She Oak

La maggior funzione del rimedio è relazionata ai fattori emozionali che inibiscono la fertilità della donna.
- E' di beneficio per quelle donne che hanno problematiche a rimanere incinta, pur non avendo patologie fisiche.
  Utile anche per donne che hanno sindrome premestruali o cicli irregolari o nel periodo della menopausa.
- Ha dosaggi diversi rispetto alle varie problematiche.

Questa essenza descrive una persona che ha dei disequilibri negli aspetti femminili.
- Sono donne che generalmente tendono a coprire o a nascondere i loro aspetti femminili, la loro capacità di seduzione, le loro forme fisiche.

Spesso hanno avuto problematiche nella relazione con la loro madre e la maternità diventa un compromesso difficile da affrontare.
Se hanno figlie femmine, hanno problematiche con queste ultime e hanno difficoltà a capirle e spesso può nascere un problema di competitività.
Un altro tratto importante è la mancanza di fiducia nelle capacità creative che può avere la donna e questo blocco emozionale si manifesti con la sterilità, come l'impossibilità di concepire, anche se non esistono cause conosciute per ciò.
È molto utile nelle donne che si sentono non capaci e paurose al primo figlio.
- L'essenza è molto utile anche nei casi in cui un conflitto interno unito a una forte paura incosciente verso il piacere sessuale e la credenza di essere una persona

indegna, genera sentimenti di vergogna e colpevolezza che ostacolano la libertà necessaria per raggiungere l'orgasmo.

L'utero è la matrice che rappresenta nel corpo l'identità femminile e la sua capacità creativa.

Problematiche, confusioni e disfunzioni in questa area indicano la presenza di conflitti con l'essere donna che hanno un'intima relazione con il proprio vissuto della femminilità.

- Nel caso di uomini She Oak lavora sulle, insicurezze, e dubbi rispetto alla condizione maschile e la paura di stare perdendo la virilità.

She Oak è anche utile per la ritenzione idrica che caratterizza il ciclo mestruale, e come terapia sostitutiva ormonale nella menopausa.

Silver Princess

L'essenza è indicata per coloro che sono insicuri del proprio piano o scopo di vita.
Molte persone non sono effettivamente a conoscenza del piano completo della propria esistenza, ma lasciano che venga svelato nel corso della stessa.

- Silver Princess può essere assunto quando giungono a un bivio o a una svolta e non sono sicure del passo successivo. In questi momenti non hanno un obbiettivo o una direzione chiara.

La sensazione di compiere la cosa giusta, veramente necessaria per la propria esistenza è estremamente gratificante.

- Quando non si hanno scopi ci si sente frustrati o demoralizzati.

Alcune persone diventano consapevoli di ciò che vogliono fare solamente molto tardi, quando è difficile effettuare i cambiamenti necessari.
Tuttavia, se hanno raggiunto veramente questa consapevolezza e sono determinate rispetto le proprie scelte, le cose si mettono inevitabilmente a posto e si presentano le giuste opportunità.

- Un altro ruolo di Silver Princess è quello di aiutare a trovare una nuova direzione dopo che hanno raggiunto un obbiettivo significativo.

Quando le persone sono focalizzate su un traguardo importante, spesso ignorano gli aspetti quotidiani della vita, perciò, quando raggiungono lo scopo tendono a dire: "tutto qui?"

Silver Princess serve ad apprezzare il percorso verso il proprio obiettivo e, una volta raggiunto, a trovare le motivazioni per perseguirne uno nuovo.

Gli obiettivi sono molto importanti ed è molto importante averne, molte volte i benefici a essi correlati non sono quelli che immaginavamo.

Molte volte l'effetto arriva abbastanza velocemente, ma solitamente è necessario assumere l'essenze per periodi un po' più lunghi rispetto le normali due settimane.

Slender Rice Flower

Quest'essenza aiuta a portare in un gruppo armonia e cooperazione e a vincere ideologie come il razzismo e rimediare alla scarsa disponibilità che può verificarsi all'interno di una unione di qualsiasi genere, per permettere di vedere le diverse sfaccettature di una questione o di una situazione: entrambi i lati della medaglia.

- Il fiore dona la scoperta della cooperazione e dell'armonia di gruppo, la percezione della bellezza degli altri.

Aiuta a imparare ad accettare gli altri, in una comprensione universale.

Sono persone che fanno confronti, che esprimono pregiudizi e l'essenza aiuta a fare capire che nessuno è nella posizione di poter giudicare un'altra persona o un altro gruppo, stimola a riconoscere la bellezza in chiunque e qualsiasi cosa.

- Inoltre, favorisce l'umiltà, parte integrante di una maggiore capacità di comprensione che porta armonia e cooperazione tra lepersone, mentre orgoglio e invidia ne indicano la mancanza.

Dona tolleranza, flessibilità, desiderio di ascolto attivo, collaborazione per il bene comune.

- Questo tipo di persone sono molto rigide nelle loro idee e convinzioni.

Sono orgogliosi, arroganti, gelosi e poco propensi alla cooperazione. Si lasciano guidare dai pregiudizi e a partire da essi squalificano tutto quello che a essi ritengono non adatto, siano persone o idee.

Giudicano duramente abitudini alimentari, come il consumo di carne, l'alcool, la sigaretta o qualunque comportamento che non rispecchi i loro valori.
- L'essenza floreale insegna a condividere e rispettare le differenze.

Questo stato segna una forte presenza di risentimento, odio e intolleranza, di superbia, sospetto, e di desiderio di vendetta. Competitivi e voraci, preferiscono muoversi dentro un'elite, disprezzando agli altri e desiderano la perfezione.
- Utile in psicosi paranoiche e nelle allergie.

Southern Cross

Utile per il risentimento e la mentalità vittimistica.
- C'è la sensazione che la vita sia stata molto dura e ingiusta e di non essere mai stati ricompensate per i propri sforzi ("Non è giusto!").

Pensano di non aver nessun controllo sulla propria vita e, quindi, non si sentono responsabili della creazione della propria realtà e tendono a biasimare gli altri, ma mai se stessi.
- Proiettano le loro disgrazie in altri o in situazioni esterne.

Si sentono ingiustamente esclusi, si mostrano come vittime delle circostanze.
- Chiedono in modo costante un aiuto eccessivo.

Sono immaturi, irresponsabili e negligenti, con gran difficoltà a guardare dentro se stessi: questo li porta a incolpare agli altri di interferire nella propria felicità.
Sono ipercritici e pessimisti.
- Invidiano i successi altrui e le appartenenze materiali.

Irritabili, imbronciati, scontrosi, assumono toni lamentosi e aspettano che il mondo provveda a loro, proprio perché sono vittime di circostanze al di fuori del loro controllo.
Anche quando non deplorano direttamente gli altri, ritengono comunque che la vita sia contro di loro e si aspettano sempre il peggio: recriminazione per lungo tempo per un atto di ingiustizia.
- Poca volontà e sforzo personale.

Mancanza di esperienza nella vita: rassegnazione.

La sensazione di essere schiacciati e sballottati dalla vita accelera sicuramente il processo di invecchiamento e questo, associato all'amarezza, può influire anche sugli organi interni, in particolare il fegato e la cistifellea.

- Il senso di rassegnazione può portare a una mancanza di energia e di vitalità.

L'essenza aiuta a farsi carico di se stessi.

Spinifex

Ha un'azione di pulizia: può essere, quindi, un ottimo coadiuvante in caso di candidosi, infezioni fungine e herpes.
- Può essere applicato come topico sulla pelle per acne ed eczema.

Prendendo il rimedio per bocca, aiuta a fermare in superficie le emozioni che causano le vesciche della pelle.
- I problemi emozionali, poi, possono essere risolti con l'essenza floreale appropriata.

Per chi esprimere il proprio dolore, la carenza e la difficoltà nella pelle. Sono personalità discrete che si rifugiano dentro il proprio corpo, non mostrano i sentimenti, temono la vicinanza corporale degli altri e hanno una specie di corazza corporale che gli fa prendere distanza.
- Non è un rimedio caratteriale, ma chiarisce la causa emozionale che ha dato origine ai fastidi e di cui l'individuo soffre.

Le emozioni che di solito si nascondono in questa essenza possono essere vergogna, svalutazione, rifiuto, vulnerabilità, irritazione, disturbo, eccitazione sessuale soffocata.
L'azione specifica che questa essenza ha sulla pelle, fa pensare che le persone Spinifex pensino che gli altri le possano vedere per le proprie insicurezze e incertezze: la pelle è un schermo di proiezione del nostro mondo interno che non esprimiamo.
- Per le applicazioni topiche, è utile diluire sette gocce di essenza con un po' di acqua pulita e applicare una pezza bagnata sulla ferita, oppure spruzzare l'acqua direttamente sulla lesione; l'applicazione va ripetuta

mattino e sera.

È possibile usare l'essenza contemporaneamente a livello interno ed esterno.

Quando le vescicole dell'herpes iniziano a svilupparsi, il loro sviluppo, questo può essere bloccato spruzzando l'essenza sulla zona interessata.

In molti casi, l'herpes è scatenato da un senso di colpa legato alla sessualità, oppure da un abuso o trauma sessuale, che può essere alleviato associando il rimedio a Fringed Violet e Wisteria.

Le persone che soffrono di herpes, ad esempio, si sentono spesso vittime della malattia. Essa compare ripetutamente, senza alcuna ragione evidente, indebolendo il sistema immunitario e la sicurezza dell'individuo, creando disagio fisico o dolore.

Generalmente, gli attacchi sono scatenati da convinzioni negative acquisite nei primi anni di vita e conservate nel subconscio.

Tante persone si sentono più forti quando comprendono che qualsiasi cosa accada sul piano fisico deriva dal piano emotivo e che possono modificare convinzioni e atteggiamenti che determinano le loro condizioni fisiche, inducendo così la guarigione.

- Spinifex può essere impiegato anche nel trattamento delle infezioni da Clamidia, un organismo che provoca infezioni alla gola, nonché al tratto urinario e al sistema riproduttivo.

Sturt Desert Pea

E' indicato per le ferite profonde serbate nell'animo da molti anni.
- E' l'essenza per i traumi profondi, tristezza e sofferenza a livello emozionale.

Il fiore libera dai ricordi tristi e dona una rinnovata motivazione e forza per andare avanti.
- Persone che hanno nel cuore una grandissima pena e la conservano da molto tempo, senza poterla risolvere.

Vecchi dolori come ferite che non sono sanate, generalmente causate per la perdita di una persona cara.
- Di fronte alla sofferenza, l'interiorizzano e piangono in silenzio.

Frequentemente, l'accumulo di emozioni nonelaborate deviano in patologie corporali, specialmenterespiratorie e polmonari.
A livello emozionale hanno la sensazione che oramai non si può fare niente, che nessuno può aiutarli un sentimento di qualche cosa di irreparabile, impossibile da risolvere.
Hanno difficoltà per chiedere aiuto: pena, depressione, dolore psichico.
- E' un fiore che agisce molto velocemente, aiuta nella depressione, malinconia, angoscia acuta, il dolore emozionale attuale o vecchio che non ha più lacrime.
  Aiuta a disperdere i ricordi tristi di lontani dolori e vecchie ferite.

Sturt Desert Rose

L'essenza aiuta le persone a seguire le proprie convinzioni e i principi morali, nonché a fare ciò che sanno di dover fare: dà all'individuo la forza di essere fedele a se stesso.
- Il senso di colpa può portare all'autocritica e alla ricerca continua dell'errore, generando un'oppressione generale nell'individuo.

Spesso stabiliscono modelli molto elevati per se stessi, incontrando poi difficoltà a vivere conformemente a quei canonie sentendosi, di conseguenza, inadeguati e colpevoli.
- Questo rimedio dona la forza di essere onesti con se stessi e può essere utilizzato ogni volta che una persona si sente in colpa per qualcosa che è accaduto, anche se la responsabilità non gli è attribuibile.
- Gli aspetti positivi di questo rimedio sono un accresciuto senso dei propri convincimenti e della propria integrità personale.

Si fa ciò che si sa di dover fare e si accetta ciò che è accaduto nel passato, riuscendo così ad andare avanti.
Sturt Desert Rose è il rimedio per la colpa, aiuta le persone a seguire le sue convinzioni interne e fare quello che debbano fare, ed essendo sinceri con loro stessi.
È anche molto importante per migliorare l'autostima di una persona che risulta essere bassa come conseguenza di azioni passate per una forma di rimorso per quello che si fece nel passato, o per quello che non si fece.
Il rimorso ostacola le persone di godere di tutte le cose che la vitapuò offrire loro.
Queste personalità normalmente chiedono scusa per tutto, ma possono credere anche che gli altri stiano parlando sempre male

di loro o li stanno criticando, visto che è quello che fanno con loro stessi tutto il tempo.
- Ogni volta che succede qualcosa si sentono responsabili.

Prendono su di loro pesanti carichi: l'obbligo e il dovere sono la cosa più importante: questi sentimenti sono incentivati da varie cose come l'educazione rigida, i mandati culturali e le religioni.
Per chi non può disfarsi di rimorsi per un'azione del passato che lo fa sentire svalutato: a colpa può non essere sufficientemente chiara nella coscienza dell'individuo, ma ugualmente produce un blocco emozionale e la mancanza di autostima.
- La sua origine può essere nell'infanzia, nella relazione con i propri genitori che generalmente appaiono come soffocanti, critici, colpevolizzanti.

Possono anche essere figli non desiderati o abbandonati. Generalmente si sentono inadeguati, come se nessun posto o possibilità potesse andare bene perché non pensano di essere meritevoli delle cose buone dalla vita.
È molto tipico che, se qualche persona vicina muore, la personalità Sturt Desert Rose tenda a incolparsi per le cose che ha pensato, non ha detto e non ha fatto per quella persona.

Sundew

Contro l'indecisione, la tendenza a rinviare, la mancanza di concentrazione.
- Sono persona vaghe e indecise, sanno in linea generale come svolgere un compito, ma non riescono a porre attenzione ai dettagli.

Sono emozionalmente combattuti, specialmente se devono fare qualche cosa di non piacevole.
- Sognatori ad occhi aperti.

Il fiore fa emergere il senso pratico, l'attenzione per i dettagli, la concentrazione e la precisione.
- E' indicato per il senso di indeterminatezza, dissociazione e scioglimento del sé, che diventa un modo per alienarsi dalle situazioni della vita.

Alcune persone possono mascherare un risentimento a livello molto profondo, risentendo del fatto che gli altri non pongono molte attenzioni, e, quindi, finiscono per rifugiarsi nelle proprie idee e convinzioni, trovandole molto più interessanti di ciò che accade fuori e dimenticando tutto quello che accade nel mondo esterno.
- Questo fiore ha un effetto ancorante, portando ad accettare la realtà, centrando l'esistenza e riportandola sotto controllo.

Le personalità Sundew non hanno determinazione e sono eccessivamente sognatori: sentimentali, romantici, poco realistici e poco pratici.
Generalmente indecisi, con scarsa capacità di attenzione e poco precisi.

Li fermano i dettagli: amano le cose sconosciute, esoteriche, spirituali.
- Si appassionano alla fantascienza, alle pratiche di meditazione, alla visualizzazione.

Utilizzano questa modalità per richiamare l'attenzione ed essere trattati come qualcosa di speciale.

Sono ostacolati dal fare, dalla cosa concreta e tendono a posticipare a domani.

Si dissociano con facilità. Introversi, trovano più interessante il filo dei propri pensieri che il riferirsi con gli altri.

Sunshine Wattle

Per sopravvivere ai lunghi periodi di siccità e al clima australiano aspro e arido, la maggior parte delle acacie non ha vere e proprie foglie, ma un gambo fogliare sviluppato.
Sunshine Wattle è un arbusto aperto che può raggiungere i 2 metri di altezza, dai fiori di un colore dorato pallido: i soffici capolini sono, in realtà, grappoli di 6-15 fiorellini con lunghi stami gialli contenenti molto polline.

- Il suo habitat è costituito dalla macchia delle zone aride e dalle foreste asciutte, dai pendii rocciosi dal terreno povero.

Aiuta ad accettare e godere della bellezza del presente, sviluppando fiducia per il futuro e ripristinando l'ottimismo.
Per coloro che non ricordano il passato come un momento felice, sono ancora invischiati in ciò che gli è accaduto e portano le proprie esperienze negative anche nel presente: sensazione di dover sempre lottare per guadagnarsi qualcosa.

- Il fiore dona ottimismo, speranza.
  Aiuta a rendersi conto di quanto sia bello e fonte di gioia il presente che diventa una piacevole premessa per il futuro.

Ottimo rimedio da prendere quando la vita è temporaneamente difficoltosa, sembra essere una grande battaglia o quando niente di buono sembra succedere.
Le emozioni predominanti per le persone che hanno bisogno di questa essenza sono: delusione, mancanza di attaccamento alla vita, fatalismo, scoraggiamento, tristezza, mancanza di allegria, raccoglimento, non affettività, rassegnazione, pessimismo.
La lezione che deve imparare è quella di accettare che la vita non è lineare, ma ha alti e bassi.

Bisogna imparare a credere nel futuro.
Proprietà di Sunshine Wattle:
- Indicato nei disturbi legati alla carenza di luce nei mesi invernali come la depressione stagionale, tipica anche dei paesi nordici e delle zone montane o poco esposte alla luce solare.
- Dona carica energetica e ottimismo a coloro che sono sfiduciati per esperienze passate o recenti di sofferenza e difficoltà che le blocca nello scoraggiamento, rinuncia e diffidenza.
- Aiuta a sviluppare una visione più positiva e gioiosa della vita, favorendo interesse per il presente, progettualità, iniziativa, speranza e reattività.
- Favorisce l'accettazione del presente, sviluppando fiducia per il futuro, permettendo di vedere le situazioni anche da punti di vista diversi.
- Sunshine Wattle è contenuto nei Composti Adol e Ottimismo.

Sydney Rose

Sensazione di essere a pezzi e psicologicamente distrutti, di essere allontanati e non amati dagli altri.
Convinzione di essere anormali e soli.
- Il fiore dona la capacità di realizzare che siamo tutti delle persone uniche e per questo speciali. Sensazione di sicurezza e di pace. Scoperta di una comunicazione sincera.

Proprietà di Sydney Rose:
- Permette di realizzare e conoscere, a un livello profondo di cuore, e non solo a livello intellettuale, che non c'è separazione tra te stessi e gli altri, che siamo tutti uno, pur nella nostra unicità.
- Favorisce il senso di unità e di unione, pace, sicurezza e soddisfazione: dona conforto e sostegno a chi intraprende il cammino di consapevolezza spirituale di unità.
- Indicata per riequilibrare il senso di estraneità o di solitudine e di non essere amati, donando la capacità di apprezzarsi e guardarsi come persone uniche e speciali quali siamo, favorendo un senso di pace, tranquillità e serenità.
- Il fiore dunque può essere utilizzato in tutte quelle situazioni in cui non ci sentiamo in armonia con gli altri, quando solitudine e malinconia prendono il sopravvento su di noi.

Tall Mulla Mulla

Sono personalità piuttosto labili, disposte a sostenere ciò che gli altri vogliono sentirsi dire.
- Amano le cose piacevoli, mentre provano avversione per i conflitti, la disarmonia e i confronti congli altri.

Paura di uscire e di interagire con gli altri, rifiuto di mescolarsi con più persone: tendenza a preferire la vita solitaria proprio per timore del confronto.
- Il fiore aiuta a sentirsi a proprio agio e sicuri in mezzo adaltre persone.
- Incoraggia le relazioni sociali.

Per il desiderio di mantenere la calma, possono anche essere d'accordo o dire cose di cui non sono realmente convinti: infatti, spesso dicono quello che pensano la gente voglia sentire.
- Quando sono con le persone hanno un forte desiderio di rimanere in armonia.

Hanno una grossa avversione al conflitto, alla disarmonia e soprattutto agli scontri e al confronto per questo appena possono, cercano di scappare, per il timore che queste cose possano accadere. Non amano mescolarsi con la gente perché si sentono molto a disagio, e insicuri, e in pericolo, di conseguenza perdono l'occasione per crescere emotivamente attraverso l'interazione con gli altri.
- Non vivono pienamente la vita, perché preferiscono attenersi a ciò che è familiare, piuttosto che aprirsi al nuovo.

Non c'è distacco e freddezza in essi.

Semplicemente, vogliono vivere senza scenate e trambusto, nella convinzione che è impossibile avere quiete se si è tra altre persone.
- Tall Mulla Mulla risulta essere un rimedio di estremo aiuto negli attacchi d'asma.

Proprio in questa patologia sarà utile aggiungere:
- Crowea per gli spasmi muscolari.
- Flannel Flower per alleviare le emozioni soffocanti.
- Sturt Desert Rose per il dolore e la tristezza, emozione tipicamente collegate ai polmoni.

Tall Yellow Top

Senso di alienazione, solitudine e isolamento caratterizzato da una mancanza di connessione o di senso di appartenenza a qualsiasi cosa come la famiglia, un posto di lavoro o una realtà sociale o nazionale. Sono persone che sentono un vuoto talmente grande nel cuore da aver tagliato con i loro sentimenti al fine di sopprimere il dolore e così facendo vivono, rifugiandosi esclusivamente nelle loro teste.

- Questa modalità è stata portata avanti per lungo tempo e a volte tutta una vita.

L'essenza aiuta a riconnettere la sfera cognitiva a quella emozionale, dona la riscoperta della sensazione di appartenere a un gruppo (famiglia, amici, colleghi di lavoro), e favorisce le relazioni con gli altri.

- E' un'essenza da usare per lungo tempo fino a 6-8 settimane senza interruzioni e, se necessario, deve ripetersi allo stesso modo.

E' possibile che le problematiche di appartenenza e isolamento siano dovute a esperienze avvenute in giovanissima età, come un abbandono o genitori che non hanno desiderato il figlio durante la gravidanza.

- Utile in tutti i casi in cui vi è un senso di non appartenenza, di rifiuto da parte degli altri e nei casi in cui vi è una mancanza del senso di "casa".

Per quelle depressioni di persone che per sopportare il dolore e poter andare avanti, sopprimono i loro sentimenti e si isolano in solitudine.

Molto utile in famiglie disunite o nelle quali non c'è contenimento affettivo.

Per le persone che si identificano fortemente con il proprio lavoro e quando lo perdono cadono in un sentimento di alienazione e bassa autostima.

Turkey Bush

Questa essenza favorisce l'espressione della propria creatività. Per chi ha blocchi creativi per perdita di fiducia nelle proprie capacità.
Il fiore dona ispirazione, creatività, aiuta le persone a sintonizzarsi sulla propria creatività e a esprimerla..
- Rinnova la fiducia nelle proprie capacità artistiche.
- E' l'essenza per gli artisti, i creatori che si sentono senza ispirazione.

Per le persone che hanno vergogna di esprimere o plasmare le proprie idee o diffidano delle loro capacità creative.
Bambini che distruggono i propri disegni e adolescenti che nascondono i loro scritti, poesie, quadri.
Per chi giudica duramente le proprie espressioni artistiche, volendo trovare la perfezione e non il piacere.
Sono persone eccessivamente razionali, con poca immaginazione, repressi per vergogna, paura, aridità.
E' una essenza che è utile per avviare e sviluppare le possibilità creative che sono latenti in tutte le persone. Per godere di tutto ciò che si crea, o che gli altri creano o che è stato creato dalla stessa natura.
- Turkey Bush è estremamente utile associato a She Oak per trattare i problemi di infertilità dove l'infertilità può nascondere un'incapacità a "procreare".

Waratah

E' il rimedio che aiuta ad avere coraggio o ad alzarne il livello.
Per la profonda disperazione, la perdita di ogni speranza, l'incapacità di reagire alle crisi.
- Il fiore dona tenacia, fiducia, capacità di adattamento e di sopravvivenza.

Nello stato emozionale Waratah, l'individuo si trova in una situazione che vive come disperata e in cui (in forma reale o immaginaria) è in gioco la sua sopravvivenza.
- La persona sente di avere la mancanza di capacità o di coraggio per affrontarla e risolvere la crisi nella quale si sente intrappolato.

La pressione delle circostanze in cui si trova gli fa che perdere la visione di insieme delle cose o avere una percezione confusa e torbida, come se ci fosse un velo che gli impedisce di vedere con chiarezza.
Nello stesso tempo c'è incertezza, instabilità e si è propensi a reagire in maniera inadeguata davanti agli stimoli esterni.
- Questo rimedio si usa in situazioni di crisi, catastrofi, traumi, panico, angoscia, isteria, perdita del controllo. Per superare blocchi emozionali, grandi sfide, per affrontare, stati di esaurimento con la sensazione di non riuscire ad andare avanti o essere condannato per la vita.
- Inoltre, è un utile rimedio per persone con idee, condotte o tendenze suicida.

Date le condizioni trattate con questo rimedio, è necessario che esso agisca molto rapidamente.
I benefici iniziali sono immediati e in molti casi gli effetti completi si ottengono in poco tempo, a volte sono sufficienti dai 5 ai 7 giorni.

Wedding Bush

Per le persone che hanno difficoltà a impegnarsi nelle relazioni con gli altri, nell'impiego lavorativo, nella famiglia o anche nei propri obiettivi personali.
Spesso, sembra che questi individui fuggano da se stessi, evitando ogni responsabilità.
- Quindi, è un ottimo rimedio da prendere quando si inizia una società o qualsiasi altra forma di legame o collaborazione.

In ogni attività o regime che richiede disciplina e impegno (diete dimagranti, sportivi).
- Utile quando nella coppia l'attrazione fisica del primo periodo passa e si verifica un calo d'interesse all'interno della coppia.
- Se i partner desiderano impegnarsi nuovamente uno nei confronti dell'altro, o quando un individuo vuole smettere di passare da una relazione all'altra.

Sono persone emotivamente instabili, e inclini a fare affiorare presto la noia nei rapporti: tutto per loro è transitorio, quindi, non hanno la continuità nei progetti che intraprendono.
- Non voglio perdere nulla, ma in realtà nel tempo perdono tutto.

Un'altra caratteristica importante è che hanno una bassa tolleranza alla frustrazione, incostanti emotivamente, l'attrazione iniziale svanisce, hanno paura della responsabilità e mancano di volontà oltre ad aver paura di essere amati.

Può essere eccellente anche per chi diventa genitore offrendo la capacità di impegnarsi in questo compito predisponendolo con gioia.

Proprietà di Wedding Bush:

- Favorisce, risveglia, sviluppa impegno e dedizione in qualunque forma di legame: coppia, lavoro, obiettivi, scelte di vita o accordo.
- Sostiene la dedizione e l'impegno in attività o regimi che richiedono disciplina e impegn: (regime alimentare, discipline sportive, allenamenti.
- Indicato anche per chi vuole rinnovare l'impegno o impegnarsi nuovamente in una relazione o quando si vuol smettere di passare da una relazione all'altra.

Wedding Bush è contenuto nel Composto Relationship.

- Relationship è il composto dei Fiori Australiani dedicato a migliorare la qualità della comunicazione e delle relazioni interpersonali, specialmente quelle familiari.

Aiuta a liberare la mente dai risentimenti e dalla confusione, attenuando la sofferenza che spesso ne consegue, e a rompere gli schemi dei condizionamenti familiari nei rapporti con gli altri.

Il composto Relationship è costituito dai seguenti fiori:

- Bluebell: il fiore che apre il cuore e riequilibra il chakra del cuore favorendo la comunicazione con il cuore, l'amore, la gioia. L'espressione con il cuore permette di dare e ricevere amore, di imparare ad amare di nuovo, partecipando emotivamente alla vita, nostra e altrui.
- Boab: aiuta a spezzare i modelli relazionali negativi appresi dalle figure genitoriali o di riferimento, rendendoci consapevoli del meccanismo e imparando ad agire diversamente.
- Bottlebrush: è specifico per le relazioni madre-figli, a

qualunque età. Favorisce i cambiamenti e l'adattamento ai cambiamenti, di qualunque natura siano, superando il passato e aprendoci al nuovo.
- Bush Gardenia: aiuta a rinnovare la passione e l'interesse nelle relazioni interpersonali, quando, ad esempio, sono stanche, sofferte, soggette alla routine, migliorando la comunicazione e le attenzioni verso gli altri.
- Dagger Hakea: facilita l'elaborazione e la risoluzione di situazioni cariche di rabbia e risentimento, favorendo il perdono, non solo nelle relazioni familiari.
- Flannel Flower: il fiore "flanellato", favorisce il contatto e l'accoglienza dell'altro, non solo fisicamente (baci, abbracci, complicità), ma anche con le parole più adeguate e 'morbide' (ad esempio, per non ferire, in caso di divorzio, per esempio).
- Mint Bush: aiuta a trovare chiarezza e calma nei momenti di grande confusione, sovraccarico emotivo, decisioni importanti, prendendo distanza giusta dal problema e trovare soluzioni adeguate.
- Red Helmet Orchid: specifico per le relazioni padre-figli, o con figure autoritarie, a qualunque età.
  Favorisce una rinnovata forma di sensibilità e rispetto.
- Red Suva Frangipani: fiore specifico per il lutto, perdita e separazione di qualunque natura.
  Dona di nuovo pace, calma e lucidità per affrontare le difficoltà conseguenti a questi momenti.
- Wedding Bush: facilita l'assunzione di impegno nei confronti di una relazione, persone o progetti personali.
  Aiuta a tener presente l'obiettivo da raggiungere.

Consigli d'uso:
- 7 gocce sotto la lingua, mattino e sera, al risveglio e prima di addormentarsi; 7 gocce al bisogno, durante il

giorno.

Indicato per momentanee difficoltà nella coppia, in famiglia, nelle relazioni genitori e figli a ogni età, lutti e separazioni, brevi, lunghe o definitive che siano.
Per le famiglie allargate, per i figli che se ne vanno di casa (per lavoro, matrimonio o altro) e i genitori che devono trovare un nuovo equilibrio.

- Per chi non trova un compagno/una compagna.

Naturalmente va bene anche per le relazioni non strettamente familiari.

- Al composto Relationship si associano, ad esempio, i singoli Fiori Illawara Flame Tree e Muontain Devil.

Il primo per vissuti e sentimenti di abbandono, di non essere accettato, sentirsi rifiutato (o non accettare qualcuno), mentre il secondo è più indicato per la gelosia.

Wild Potato Bush

E' il rimedio indicato per chi non si trova in armonia con il proprio corpo fisico.
- Spesso queste persone sentono il bisogno di andare al di là delle proprie limitazioni fisiche, come se il corpo li trattenesse e li opprimesse.

Per la sensazione di oppressione edi essere imprigionati in una personalità che non ci appartiene più.
E' un'essenza indirizzata alla frustrazione della limitazione. Dona un senso di vitalità e di libertà di cambiare nella vita.
- Utile per le donne durante l'ultimo periodo della gravidanza e per persone che hanno disabilità fisiche.
- Utile anche per i bambini nei primi anni di vita che si sentono frustrati a causa dello scarso controllo che hannodel proprio corpo.

Può essere anche utilizzata per quelle persone che sono in sovrappeso, a causa di un senso di inadeguatezza che li porta a utilizzare il loro grasso come copertura.
In tutte le malattie in cui c'è frustrazione dovuta alla diminuita funzionalità fisica, aiuta ad accettare le limitazioni del corpo fisico.
- Queste persone sentono un forte peso sulle loro spalle.

La stanchezza, il dispiacere e la depressione li spossano.
Hanno un camminare lento e pesante come se il corpo fosse una prigione che li imprigiona, una borsa pesante che annulla i loro movimenti.
Generalmente sono stati persone forti e di carattere, ma la sofferenza ha tolti loro la fonte di energia e ha diminuito la loro vitalità.

Il viso rivela il dolore sofferto, hanno uno sguardo ombroso e vinto, con la testa reclinata, come se non desiderassero oramai vedere più avanti, come se il futuro non esistesse e volessero disfarsi di quel corpo abbattuto e troppo carico, per dare luogo alla rigenerazione.

- Le emozioni che riguardano questo fiore sono: frustrazione, restrizioni, sentimenti di oppressione, stanchezza e tristezza.

Sono state persone attive, ora vengono invasi dalla quiete, l'abbandono, la mancanza di desiderio e interesse per la vita.

Wisteria

Questo rimedio è rivolto soprattutto alle donne, ma può essere usato anche dagli uomini che prediligono ostentare un'immagine da macho, negando il proprio aspetto reale.
Il fiore permette di accettare di avere una parte più gentile e carina.
Per donne che non si sentono a proprio agio con la propria sensualità: disagio per la propria fisicità a seguito di passati abusi sessuali.

- Il rimedio dona fiducia in se stesse e nel proprio partner. Soddisfazione e piacere nella propria vita sessuale. Aiuta a lasciarsi andare, permettendo alle proprie sensazioni di esprimersi.
- Wisteria assunto con Fringed Violet scioglie i blocchi emozionali.

Molti problemi della sfera genitale e riproduttiva sono il riflesso di problematiche legate al sesso.
In molte culture nella donna fin da bambina vengono inculcate convinzioni errate che ostacolano una giusta espressione della femminilità. Wisteria dona fiducia in se stessi e nel proprio partner, soddisfazione e piacere nel sesso, aiuta a lasciarsi andare permettendo alle proprie sensazioni di esprimersi liberamente. Utilissimo nei problemi ginecologici.

Yellow Cowslip Orchid

Sono persone che indirizzano le proprie energie soprattutto all'intelletto, tanto che spesso bloccano i propri sentimenti.
Questo sbilanciamento porta a criticare e a giudicare, ed essere estremamente burocratiche e scettiche ed esageratamente prudenti nell'accettare le cose.

- E' il fiore legato all'ipofisi: equilibra l'ipofisi soprattutto per le donne che hanno assunto la pillola per molti anni.

Dona interesse per i problemi del prossimo.
Sviluppa l'imparzialità, la capacità di riconoscere i dettagli e l'obiettività nelle analisi generali, apertura mentale, abilità a comprendere velocemente i concetti.

- Queste personalità sono eccessivamente razionali e analitiche.

Per loro la cosa più importante è l'intelletto; il resto è secondario e quindi non giustifica nessuna preoccupazione: sono ossessivi, scrupolosi e sibloccano su piccolezze.

- Sono affezionati alle regole e all'ordine, osservano le altre persone, con fare critico.

Sono scettici, irritabili, diffidenti e cauti; non amano il confronto,ma preferiscono prendere le distanze.

- Sono naturalmente socievoli, carismatici, e sanno captare velocemente le necessità degli altri.

Devono imparare ad accettare le idee e le persone, senza critica.
Il loro mondo emozionale è colorato con l' irritabilità, la meschinità, l'ironia, la parzialità, il cattivo umore, l'irascibilità, lafreddezza, l'acidità, distacco e cautela nei dialoghi.

Proprietà di Yellow Cowslip Orchid:
- Indicata per le persone ipercritiche, giudicanti, distaccate, chiuse ed eccessivamente prudenti nella vita e nelle relazioni perché centrate sull'intelletto e meno sull'apertura.
- Migliora l'accettazione di persone e idee senza eccessivo criticismo.
- Favorisce l'impegno umanitario, la mediazione e la costruttività sostenendo l'essere obiettivi e compassionevoli, permettendo di considerare tutti gli aspetti di una situazione.
- Dona capacità di distacco dalle emozioni, e imparzialità.
- Migliora la capacità di afferrare i concetti e rende la mente più vivace e aperta.

Miscele di Fiori Australiani

Per affrontare specifici stati emotivi, psicologici e fisici sono state pensate e formulate miscele contenenti specifiche essenze floreali australiane che nel loro utilizzo congiunto è stato verificato avere un azione sinergica e mirata alla risoluzione dei disagi fisici, emotivi e psicologici riscontrati in determinate situazioni.
- Sono già diluite, quindi, possono essere assunte direttamente.

Di seguito evidenziamo le miscele relative alle principali problematiche.
Gli approfondimenti che seguono rendono semplice identificare il rimedio adatto a una particolare circostanza.
- Il trattamento normale prevede una durata di circa un mese.

E' assolutamente sconsigliato utilizzare più di un rimedio per volta, con l'eccezione dei rimedi Emergency e Stress Stop che possono essere usati in particolari momenti di stress o bisogno, insieme alle altre Essenze.

Adol

Questa essenza nasce per fronteggiare tutte quelle problematiche che gli adolescenti comunemente sperimentano. Favorisce l'accettazione di se stessi, la comunicazione interpersonale, la partecipazione alla vita sociale, l'armonia nelle relazioni con gli altri, la maturità, la stabilità emozionale e l'ottimismo, rimuovendo i condizionamenti famigliari negativi, i vissuti di rancore, il risentimento, l'autocommiserazione e la solitudine.

- Favorisce l'espressione dei propri sentimenti, del proprio potere personale e l'attuarsi di una collocazione mentale consona alle proprie personalità.

Permette di vivere con fiducia ed entusiasmo uno dei passaggi più importanti della vita: l'adolescenza.
Vengono miscelati assieme:

Billy Goat Plum: principalmente specifico per le sensazioni di avversione o di repulsione verso se stessi, specialmente quando sono rivolte agli organi o agli atti sessuali. Utile anche per i problemi cutanei, come acne, eczema, psoriasi, herpes, condilomi, che concorrono a provocare una sensazione di corpo "non pulito".

Boab: elimina le influenze negative familiari che sono tramandate di generazione in generazione. Utile anche per quelle persone che hanno subito abusi, persecuzioni o a cui sono stati tramandati pregiudizi. Aiuta a liberarsi da quei modelli familiari acquisiti rigidamente favorendo una crescita personale positiva e indipendente.

Bottlebrush: aiuta nel mantenere un sano e vicendevole

rapporto tra madre e figlio.
Eccellente per gli adolescenti che si sentono sommersi dai cambiamenti e dalle evoluzioni più significative della vita, aiutandoli a credere nelle proprie capacità di affrontare le nuove situazioni.
È di supporto in tutti i momenti caratterizzati da sensazioni di inadeguatezza, incertezza e apprensione per i cambiamenti.

Dagger Hakea: aiuta ad attenuare le emozioni di risentimento e rabbia, spesso sperimentate in questa fase di grandi cambiamenti, permettendo il perdono e favorendo l'apertura all'espressività dei sentimenti verso la famiglia e gli amici.

Five Corners: permette di vivere l'amore e l'accettazione di se stessi, la celebrazione della propria gioia e bellezza, sostituendo la mancanza di autostima, che è frequentemente avvertita nei momenti di avversità e di grande cambiamento, con l'amor proprio.

Flanner Flower: aiuta a riconoscere ed esprimere i propri sentimenti più profondi. Favorisce una maggior sensibilità e gentilezza nel contatto fisico e quindi, anche un maggior avvicinamento agli altri, soprattutto amici e persone amate.

Kangaroo Paw: aiuta gli adolescenti a essere più attenti alle necessità degli altri, senza essere esclusivamente assorbiti da se stessi. Permette di capire come agire appropriatamente nelle situazioni ascoltando i suggerimenti degli altri.
Permette di godere e di sentirsi a proprio agio con altre persone che hanno diverse esigenze e personalità, con la consapevolezza delle diversità, così da trasmettere rilassatezza e comprensione.

Red Helmet Orchid: aiuta a creare un rapporto equilibrato e vicendevole tra padre e figlio; favorisce inoltre le relazioni tra persone che hanno difficoltà con figure autoritarie o personalità potenti. Aiuta a riconoscere le proprie capacità personali e a rispettare e considerare quelle altrui.

Southern Cross: quest'essenza è utile alle persone che soffrono di autocommiserazione e che nutrono la convinzione che la vita sia dura con loro. Specifico per la tendenza al vittimismo, promuove il potere personale, la positività, la presa di coscienza e la responsabilizzazione per gli avvenimenti della propria vita.

Sunshine Wattle: favorisce l'ottimismo, le aspettative positive e l'accettazione della bellezza e della gioia nell'immediato presente. Eccellente per tutti coloro che vivono la vita con eccessivo pessimismo.

Tall Yellow Top: questa essenza è indirizzata alla tendenza depressiva, all'alienazione e alla solitudine, sensazioni spesso sperimentate durante il periodo adolescenziale, ma anche dovute a un allontanamento da punti di riferimento come famiglia, luogo di lavoro o paese.
Ripristina la veduta di sé, del mondo e delle proprie aspettative future.

Integrare con sette gocce sotto la lingua, mattina e sera.

Ambiente Purity

Ambiente Purity è adatta per ottenere un ambiente equilibrato ed armonico,purificato da energie negative.
Crea un ambiente armonioso ed equilibrato, liberandolo da situazioni negative e permettendo alle persone di vivere in un luogo sano e armonico.
- Molto utile in ambienti frequentati da molte persone, in luoghi dove si stanno vivendo momenti difficili.

Utilizzato in qualunque momento in ogni luogo chiuso dona nuova energia positiva e una sensazione di ritrovato benessere.

Angelsword: favorisce la comprensione spirituale e rinnova la comunicazione con il nostro Io più profondo. Aiuta a eliminare le energie psichiche negative e i legami energetici eccessivi con altre persone.

Boab: aiuta a eliminare gli schemi di pensiero negativi risultanti dai retaggi familiari. Dona libertà personale, spesso limitata da convinzioni e manifestazioni a carattere emozionale e mentale normalmente radicate e trasmesse di generazione in generazione.

Fringed Violet: favorisce la protezione generale dell'individuo rafforzando il campo energetico o aura. Aiuta a schermarci e a rimuovere gli effetti negativi dei campi elettromagnetici o dalla carica energetica di persone che tendono a invadere il nostro spazio personale.

Lichen: aiuta a captare e a godere delle energie positive emanate dalla terra. Favorisce l'accettazione dei momenti di cambiamento.

Red Lily: favorisce una maggiore concretezza e concentrazione aiutando a vivere il presente attivamente eliminando la sensazione di avere la "testa tra le nuvole". Stimola, però, il coinvolgimento spirituale nelle attività quotidiane.

Vaporizzare spesso e ogni volta se ne senta la necessità nell'ambiente frequentato.

Concentration

Dona concentrazione e chiarezza in qualsiasi attività. Migliora le capacità di apprendimento nello studio e nel lavoro permettendo l'elaborazione di nuove idee e informazioni.
Agevola il contatto col proprio Io in cui sono racchiuse tutte le conoscenze e le esperienze del passato e aiuta a bilanciare i meccanismi intuitivi e cognitivi, integrando idee e informazioni.
Vengono miscelati assieme:

Bush Fuchsia: favorisce la comunicazione interemisferica cerebrale, attenuando quelle difficoltà d'apprendimento e d'espressione che spesso derivano da una marcata lateralizzazione funzionale.

Isopongo: rende l'inconscio più accessibile, permettendo il recupero di abilità e conoscenze rimosse; aiuta a recuperare i ricordi del passato emotivamente carichi e a elaborare le esperienze vissute equilibratamente.

Jacaranda: rimedio specifico per attenuare la sovra-eccitazione: conferisce equilibrio, decisione e chiarezza di pensiero, creando la capacità di ideare strategie precise ed efficaci che permettono di completare ogni progetto con successo.

Paw Paw:- assimilazione, integrazione e apprendimento di nuove idee e informazioni.
Migliora l'accesso al proprio Io, con conseguente riconoscimento e riconquista delle proprie capacità di ridurre qualsiasi sentimento di oppressione.
Molto consigliato durante il periodo di preparazione agli esami.

Sundew: specifico per la dissociazione e, quindi, la depersonalizzazione intese come difesa dalla realtà a volte amara della vita. Aiuta a ritrovare la vivacità d'interesse per il mondo esterno e l'abilità di porre attenzione anche ai dettagli, consentendo, in tal modo, di prendere la giusta decisione per ogni singolo caso.

Integrare con sette gocce sotto la lingua, mattina e sera.

Electro

Utile per schermare o ridurre gli effetti negativi delle radiazioni che possano causare irritabilità, intorpidimento mentale e disturbi del sonno.
È eccellente per diminuire gli effetti negativi delle radiazioni elettriche emesse da ripetitori, cellulari, computer, dispositivi elettronici come, ad esempio, televisioni, cellulari, computer, favorendo il raggiungimento di calma, benessere e vitalità.
Vengono miscelati assieme:

Bush Fuchsia: ottimo per le persone che passano molto tempo di fronte a un video, un computer o a dispositivi elettronici e che si sentono un po' intorpidite a fine giornata. È semplice riconoscere questo stato di debolezza, in quanto si commettono errori banali. Quest'essenza riattiverà dinamicamente il cervello, eliminando le difficoltà d'apprendimento, perché realizza con maggiore efficacia l'interconnessione emisferica cerebrale. Aiuta a sentirsi in armonia con i ritmi della natura.

Crowea: ha un potente effetto calmante centrato sul corpo e sulla mente, donando un'intensa sensazione di benessere e di vitalità. Aiuta ad allineare il corpo eterico e astrale con il corpo fisico. Eccellente per mantenere un senso di equilibrio psico-fisico quando si è a stretto contatto con radiazioni elettromagnetiche.

Fringet Violet: aiuta a ripristinare l'aura danneggiata. L'aura può subire effetti negativi da radiazioni elettromagnetiche, computer, ripetitori. Un'aura non integra può togliere vitalità e salute.

Mulla Mulla: aiuta a eliminare le radiazioni immagazzinate nel nostro organismo e a ridurre le radiazioni elettromagnetiche assorbite da cellulari, computer, o altri dispositivi elettronici.
È consigliabile assumere quest'essenza immediatamente prima dì ogni radiografia o dopo ogni trattamento di radio terapia, in quanto aiuta a ridurre gli effetti negativi delle radiazioni assorbite.

Paw Paw: attenua la sensazione di sentirsi sommersi e oberati da un eccesso di stimoli, favorendo l'assimilazione e l'integrazione di idee e informazioni salienti. Dona un senso di calma e chiarezza mentale.

Waratah: promuove il coraggio, la tenacia, l'adattabilità e la capacità di resistenza.
Quest'essenza agisce rapidamente e da coraggio nel superare le crisi, le emergenze o le grandi sfide.

Integrare con sette gocce sotto la lingua, mattina e sera.

Emergency

Ha un effetto calmante immediato sulla mente, sul fisico e sulle emozioni, anche durante le crisi di grave entità.
Tale combinazione è specialmente adatta per vissuti di paura, panico, per gravi stress mentali e fisici, tensione nervosa e dolore. Se è necessario un intervento medico specifico, essa diviene un prezioso rimedio di emergenza fino a quando il trattamento non sarà disponibile.
L'utilità di questa combinazione copre svariate esigenze, che spaziano dall'ansia pre-esame, a significativi danni fisici.
Vengono miscelati assieme:

Angelsword: favorisce il ritrovamento della Verità Spirituale e della Pace, aiutando a riscoprire i valori interiorizzati nel passato. Consente il contatto con il nostro IO più profondo.

Crowea: dà equilibrio e concentrazione all'individuo, rilassa i muscoli, allevia le preoccupazioni e lo stress.
Dona pace, calma e forza, promuovendo un senso di benessere e vitalità.

Dog Rose of Wild Forces: aiuta a controllare le emozioni, affinché quelle più intense non travolgano l'individuo facendogli perdere il contatto con la realtà e con se stesso.

Fringed Violet: "spazza via" gli effetti negativi della preoccupazione per il presente e il passato, in modo tale da proteggere la fragilità della psiche in delicati frangenti.

Grey Spider Flower: Essenza specifica per le paure estreme, il panico immobilizzante e il terrore che pervade improvvisamente. È d'aiuto per altri disturbi d'ansia, come le fobie e per i disturbi psicofisiologici con base psicologica, come l'asma. Aiuta ad acquisire fiducia, calma e coraggio.

Sundew: specifico per la dissociazione e, quindi, la depersonalizzazione, intese come difesa dalla realtà a volte amara della vita.
Aiuta a ritrovare la vivacità d'interesse per il mondo esterno e l'abilità di porre attenzione anche ai dettagli, consentendo, in tal modo, di prendere la giusta decisione per ogni singolo caso.

Waratah: coraggio, tenacia, fiducia. Capacità di adattamento e sopravvivenza.

Integrare con sette gocce sotto la lingua ogni ora; in casi urgenti assumere sette gocce anche ogni dieci-quindici minuti, fino al raggiungimento di un certo sollievo o fino a quando non avvenga l'intervento medico.
Tramite tale intervento floriterapico, Emergency può essere assunto per 15 giorni, facilitando l'eliminazione di stati emozionali limitanti come la paura e l'ansia.

Energy

Specifico per le persone che non si sentono in forma e che stanno vivendo una situazione di calo energetico, talvolta accompagnata da uno stato di scoraggiamento o spossatezza.
Rinnova l'entusiasmo e la gioia per la vita, favorendo una maggior dinamicità.
Vengono miscelati assieme:

Banksia Robur: rimedio specifico per le persone che normalmente sono dinamiche e che esprimono il proprio entusiasmo energicamente, ma che per determinate ragioni sono stanche, frustrate o che presentano difficoltà a riprendersi completamente. Aiuta a togliere la negatività che impedisce la risalita verso il benessere.

Crowea: ha un notevole effetto tranquillizzante e tonificante su corpo e mente, donando un intenso senso di benessere e quiete. È un ottimo rimedio per l'ansia che può togliere energia e vitalità.

Illawara Flame Tree: aiuta a compiere il primo passo per la concretizzazione delle proprie potenzialità, imparando ad ascoltare le aspirazioni della vita, senza sentirsi oppressi dalle responsabilità. Riequilibra l'attività del timo, ghiandola del sistema immunitario deputata alla produzione dei linfociti T.

Macrocarpa: ottimo tonico fisico generale, specifico per le ghiandole surrenali, che aiuta a rafforzare la salute, apportando maggiore energia. È indicato in stati di indebolimento o forte spossatezza.

Old Man Banksia: rimedio specifico per le persone tristi e pletoriche che lamentano poca energia. Aiuta a riconquistare la potenza perduta, riaccendendo la scintilla del vigore. Favorisce il bilanciamento dell'attività degliormoni tiroidei.

Yellow Cowslip Orchid: favorisce il riequilibrio energetico dell'ipofisi. Molto utile per le persone tendenzialmente critiche e giudicanti.
Aiuta ad affrontarei conflitti e le diversità con imparzialità.
Supporta le attività celebrali, favorendo l'integrazione dei nuovi concetti e l'apertura verso le nuove idee.

Integrare con sette gocce sotto la lingua, mattina e sera.

Equilibrio donna

Le donne a qualunque età, si trovano spesso, per la loro fisiologia naturale, a dover fronteggiare situazioni di squilibrio emotivo.
La pubertà, il ciclo mestruale ma anche il parto, la menopausa sono tutte condizioni di cambiamento fisico che provocano situazioni difficili da superare anche dal punto di vista emotivo.
La combinazione è quindi efficace nel favorire la calma e la stabilità, necessarie per affrontare i cambiamenti, nonché a divenire consapevoli della propria bellezza inferiore ed esteriore.
Vengono miscelati assieme:

Billy Goat Plum: per le sensazioni di vergogna e auto-disgusto. Per ogni donna che percepisce l'atto sessuale con repulsione e ripugnanza. È di aiuto nelle problematiche cutanee come, ad esempio, acne, eczema e dermatiti soprattutto quando sono influenzate dal ciclo ormonale femminile.

Bottlebrush: permette di vivere tutti i cambiamenti fisici (gravidanza, menopausa) e sociali con serenità e fiducia nel futuro. Favorisce un sano e vicendevole rapporto madre-figlio.

Bush Fuchsia: favorisce il riequilibrio dell'ipotalamo e accresce l'intuito e la capacità di essere in sintonia con la natura e i ritmi terrestri.

Crowea:- ha un notevole effetto tranquillizzante e tonificante su corpo e mente, donando un intenso senso di benessere e quiete. È un ottimo rimedio per l'ansia.

Five Corners: favorisce l'amore e l'accettazione di se stessi. Aiuta a riscoprire e ad apprezzare la propria bellezza, permettendo alla propria personalità di esprimersi liberamente.

Mulla Mulla: utile a controllare le situazioni caratterizzate da eccesso di calore, come, ad esempio, sudorazioni, sintomatologie della sindrome pre- mestruale, vaginiti, vampate di calore in menopausa.

Old Man Banksia: dona la capacità di gestire qualsiasi situazione impegnativa che la vita presenti. Riequilibra l'attività tiroidea.

Peach Flowered Tea Tree: specifico per gli umori altalenanti; riequilibra, sul piano fisico, l'attività pancreatica.

Pink Flannel Flower: offre l'opportunità di apprezzare e godere di tutto, anche delle piccole cose che la vita ci riserva.

She Oak: aiuta a superare gli squilibri ormonali in qualsiasi fase della vita di una donna, favorendo il riequilibrio dell'attività ovarica. Rimedio specifico per il riequilibrio delle ovaie.

Integrare con sette gocce sotto la lingua, mattina e sera. Massaggiare dolcemente sulle zone desiderate mattino e sera. Vaporizzare frequentemente nell'ambiente frequentato.

Fluent expression

Libera la voce, donando coraggio e chiarezza nell'affrontare qualsiasi situazione che richieda una buona fluidità verbale e vocale.
Favorisce l'espressività e il ritrovamento della creatività.
Vengono miscelati assieme:

Bush Fuchsia: favorisce la comunicazione interemisferica cerebrale, attenuando quelle difficoltà d'apprendimento e d'espressione che spesso derivano da una marcata lateralizzazione funzionale. Quest'essenza apporta il senso di sicurezza necessario per parlare in pubblico e per esporre quello in cui si crede, migliorandoil timbro e la melodia della voce.

Crowea: attenua le preoccupazioni associate al parlare in pubblico o a presenziare a rappresentazioni: ha un effetto rinforzante, calmante, centrato su corpo e mente.
Rilascia la tensione accumulata nei muscoli bronchiali, permettendo una corretta respirazione.
Conferisce calma ed equilibrio nell'espressione di emozioni, anche di natura intensa.

Five Corners: aumenta l'amor proprio e l'autostima. È di sollievo alle problematiche di cattiva postura del corpo, di respirazione e di balbuzie.

Flannel Flower:- aiuta a godere delle sensazioni fisiche e in particolare della sensibilità al contatto fisico con gli altri, ridimensionando i propri confini.
Dona libertà nell'esprimere se stessi agli altri.

Red Grevillea:- bilancia l'articolazione tempore- mandibolare, permettendo una più efficiente fluenza verbale. Così facendo, la propria indipendenza e il proprio coraggio emergeranno spontaneamente e non ci si sentirà eccessivamente condizionati dai giudizi altrui.

Tall Mulla Mulla: promuove la sensazione di sentirsi completamente rilassati e sicuri con gli altri e incoraggia le interazioni sociali, eliminando la paura del confronto.
Migliora i problemi di respirazione e i blocchi energetici nell'apparato respiratorio.

Turkey Bush: aiuta le persone a sintonizzarsi e a esprimere la propria creatività: rinnova la fiducia nelle proprie capacità artistiche.

Integrare con sette gocce sotto la lingua, mattina e sera.

Oppression Free

Aiuta a liberarsi dai blocchi emotivi che causano sensazione di pesantezza mentale e fisica: favorisce l'eliminazione di tossine da parte della mente e del corpo.
Particolarmente indicato in associazione a programmi drenanti e come aiuto nelle diete disintossicanti e dimagranti. Vengono miscelati assieme:

Bauhinia: offre la possibilità di divenire più flessibili e più aperti verso nuove realtà, situazioni e idee. Aiuta a liberarsi dai pregiudizi sbagliati.
Favorisce il bilanciamento della valvola ileo-cecale.

Bottlebrush: permette dì vivere la vita e i suoi inevitabili cambiamenti, superando intelligentemente il passato e aspettando serenamente nuove esperienze di vita.
Aiuta ad affrontare con serenità i cambiamenti e favorisce la detossificazione del colon.

Bush Iris: percezione della realtà e della spiritualità aldi là del piano materiale e fisico.
Aiuta l'attività del sistema linfatico che rappresenta una delle maggiori vie di eliminazione delle tossine dall'organismo.

Dagger Hakea: aiuta la persona a esprimere i propri sentimenti apertamente e a perdonare. Favorisce l'elaborazione e la conseguente risoluzione di particolari situazioni cariche di risentimento e astio. Favorisce la detossificazione fisica per la sua attività sul fegato.

Dog Rose: ridona fiducia e sicurezza in se stessi. Aiuta a scoprire un rinnovato coraggio per affrontare gli altri, abbracciando e godendo pienamente del senso della vita. Favorisce l'eliminazione della paura, emozione strettamente correlata ai reni su cui ha azione drenante.

Wild Potato Bush: dona un senso di libertà e vitalità per poi riacquistare la libertà di poter cambiare. Aiuta le persone che percepiscono il loro corpo come se fosse un ostacolo, donando una sensazione di libertà.

Integrare con sette gocce sotto la lingua, mattina e sera.

Ottimismo

Rimuove i modelli negativi, la perdita e la scarsa fiducia nel futuro, consentendo un'apertura mentale ed emotiva che permetta di godere dell'abbondanza che il futuro ha potenzialmente inserbo per ognuno.

Molto utile per le persone scoraggiate, che tendono a porre l'attenzione solamente sugli aspetti negativi, con la tendenza a rafforzarli parlandone continuamente.

Vengono miscelati assieme:

Bluebell: promuove la fiducia nell'abbondanza universale, una condizione che dona un'allegria contagiosa.
Utile per i bambini che non amano condividere i loro giochi con gli altri.

Boab: aiuta a liberarsi da quei modelli mentali ed emozionali familiari acquisiti rigidamente e che si sono tramandati di generazione in generazione.
Elimina quelle opinioni familiari che possono pregiudicare la possibilità di arricchirsi.
Utile in esperienze di abusi, persecuzioni e pregiudizi.

Christmas Bell: aiuta a manifestare i propri desideri e bisogni, donando la possibilità di imparare ad apprezzaresia a donare che a ricevere.

Five Corners: dona autostima, aiutando ad accettare se stessi e ad apprezzare la propria bellezza interiore.
Incrementa l'amor proprio e la vitalità, in modo tale da migliorare le proprie relazioni.

Philoteca: permette di accettare apertamente i propri successi e i riconoscimenti che ne derivano.

Pink Flannel Flower: offre l'opportunità di apprezzare e godere di tutto, anche delle piccole cose che la vita ci riserva. Favorisce il senso di gratitudine, felicità e gioia per la vita, permettendo di percepire gli eventi quotidiani attraverso una visione positiva, nella consapevolezza che qualsiasi avvenimento è nella maggior parte dei casi utile per la propria evoluzione.

Southern Cross: incoraggia a sfruttare le proprie potenzialità e a crearsi una visione positiva della vita.
Aiuta le persone che soffrono di autocommiserazione.

Sunshine Wattle: aiuta ad accettare e a godere la bellezza del presente, avendo fiducia nelle possibilità che offre il futuro, senza essere eccessivamente focalizzati sulle difficoltà del passato. Promuove l'ottimismo e le aspettative gioiose per il futuro.

Integrare con sette gocce lotto la lingua, mattina e sera.

Physical Wellness

L'Essenza Combinata di Fiori Australiani Physical Wellness dona benessere fisico, accettazione, amore e cura fisica del proprio corpo. Migliora l'accettazione, il contatto e la coscienza del proprio corpo favorendo l'automassaggio.
Aiuta a rapportarsi in modo sereno ed equilibrato con tutte le caratteristiche della propria fisicità.
Vengono miscelati assieme:

Billy Goat Plum: accettazione completa e consapevole del proprio corpo, scoperta o ritrovamento del piacere sessuale.

Five Corners: amore e accettazione di sé stessi.
Aiuta a riscoprire e apprezzare la propria bellezza, permettendo alla propria personalità di esprimersi liberamente.

Flannel Flower: aiuta a godere delle sensazioni fisiche ed in particolare della sensibilità al contatto fisico con gli altri, ridimensionando i propri confini.
Dona libertà nell'esprimere se stessi agli altri.

Little Flannel Flower: riscoperta della voglia di giocare e di scherzare, di divertirsi, il tutto all'insegna della spontaneità.

Mulla Mulla: riduce gli effetti negativi del fuoco e dei raggi solari.

She Oak: aiuta a superare positivamente le fluttuazioni umorali nelle donne.

Wisteria: dona fiducia in sé stessi e nel proprio partner. Aiuta a lasciarsi andare, permettendo alle proprie sensazioni di esprimersi liberamente.

Massaggiare dolcemente sulle zone desiderate mattina e sera.

Relationship

Migliora la qualità di tutti i rapporti interpersonali, specialmente quelli familiari; dona la capacità di gestire in modo equilibrato situazioni cariche di emotività sia negli adulti che nei bambini. Libera dai risentimenti, dalla confusione e dai condizionamenti negativi familiari, attenuando la sofferenza che spesso ne consegue. Incoraggia la creazione di nuovi rapporti sociali.
Vengono miscelati assieme:

Bluebell: apre il cuore, ridona la gioia e la voglia di partecipazione emotiva con gli altri

Boab: rimuove i modelli e gli esempi negativi assimilati con l'educazione ricevuta dalle figure genitoriali o da altre di riferimento. Aiuta a non ricreare eventuali condizioni negative verificatesi nella propria famiglia.

Bottlebrush: permette di vivere la vita e i suoi inevitabili cambiamenti, superando intelligentemente il passato e aspettando serenamente nuove esperienze di vita.
Favorisce un sano e vicendevole rapporto madre- figlio.

Bush Gardenia: rinnova la passione e l'interesse nelle relazioni interpersonali, perché migliora l'abilità di comunicazione e l'attenzione verso gli altri.

Dagger Hakea: aiuta a esternare i propri sentimenti apertamente e a imparare a perdonare.

Favorisce l'elaborazione e la conseguente risoluzione di particolari situazioni cariche di risentimento e astio.

Flannel fFower: aiuta a godere delle sensazioni fisiche e in particolare della sensibilità al contatto fisico con gli altri, ridimensionando i propri confini.
Dona libertà nell'esprimere se stessi agli altri.

Mint Bush: ridimensiona e appiana gli stati d'animo, armonizza l'emotività. Aiuta a ritrovare chiarezza, calma e abilità nel gestire anche le situazioni di carattere spirituale.

Red Helmet Orchid: favorisce il legame tra padre e figlio, giungendo alla riscoperta di una rinnovata forma di sensibilità e di rispetto.

Red Suva Frangipani: aiuta le persone che stanno attraversando un momento particolarmente difficile e carico di tensione dovuto alla perdita di una persona cara o alla rottura di una relazione.
Favorisce l'elaborazione dei sentimenti associati alla perdita dell'amore.

Wedding Bush: aiuta a impegnarsi nelle relazioni, a porsi degli obiettivi e a dedicarsi alla loro realizzazione.

Integrare con sette gocce sotto la lingua, mattina e sera.

Self-confidence

Fa emergere gli effetti positivi dell'autostima e della fiducia in se stessi: permette di sentirsi a proprio agio in mezzo ad altre persone e risolve in senso costruttivo l'opinione negativa circa le proprie capacità e i sensi di colpa pregressi.
Dà coscienza delle proprie capacità e del potere, non solo di cambiare gli eventi, ma anche di agire coerentemente con se stessi. Vengono miscelati assieme:

Boab: Libera la mente dai condizionamenti familiari acquisiti rigidamente.
Attenua quelle opinioni che limitano l'individuo a livello mentale ed emozionale e che sono invariabilmente acquisite e tramandate di generazione in generazione.

Dog Rose: ridona fiducia e sicurezza in se stessi. Aiuta a scoprire un rinnovato coraggio per affrontare gli altri, abbracciando e godendo pienamente del senso della vita.

Five Corners: aiuta ad accettarsi apprezzando la bellezza in tutte le sue sfaccettature.
È un'essenza adatta in caso di scarsa autostima, di mancanza di confidenza con se stessi e di mancanza di amor proprio.

Southern Cross: incoraggia a sfruttare le proprie potenzialità e la creazione di una visione positiva della vita.
Aiuta ad aprirsi all'idea di una vita ricca di occasioni da vivere a tutto tondo, favorendo l'eliminazione dell'auto-vittimismo.

Sturt Desert Rose: permette di seguire le proprie convinzioni più profonde e la propria moralità e di trovare una rinnovata integrità personale.
Ripristina il livello di autostima che subisce un abbassamento a causa dei sensi di colpa.

Integrare con sette gocce sotto la lingua, mattina e sera.

Sexuality

Combinazione di Essenze Floreali indicata sia per l'uomo che per la donna, che concorre ad eliminare la vergogna e la timidezza. Permette alla persona di accettarsi completamente e di sentirsi a proprio agio con il proprio corpo, imparando ad abbandonarsi all'intimità fisica.
Rinnova la passione e l'interesse nel rapporto amoroso.
Vengono miscelati assieme:

Billy Goat Plum: è principalmente specifico per le sensazioni di avversione o di repulsione verso se stessi, specialmente quando sono rivolte agli organi o agli atti sessuali.
Utile anche per i problemi cutanei, come acne, eczema, psoriasi, herpes, condilomi che concorrono aprovocare una sensazione di corpo "non pulito".

Bush Gardenia: rinnova l'interesse verso gli altri, migliorando la comunicazione interpersonale.
Aiuta i partner a ritrovare l'interesse l'uno per l'altra, evitando di darsi per scontati e tornando a manifestare interesse per il compagno/a con rinnovata vitalità.
Favorisce il ritrovamento di una nuova complicità. Riscoperta della passione.

Flannel Flower: aiuta a godere delle sensazioni fisiche e in particolare della sensibilità al contatto fisico con gli altri, ridimensionando i propri confini.
Dona libertà nell'esprimere se stessi.

Fringet Violet: rimuove le conseguenze negative della preoccupazione per il presente e per il passato, proteggendo l'integrità della psiche.
Specifico nei casi di abusi sessuali per il superamento dello shock anche attraverso la sensazione di maggior sicurezza e stabilità.

Little Flannel Flower: riscoperta della voglia di giocare e di scherzare, di divertirsi... il tutto all'insegna della spontaneità.

Sturt Desert Rose: permette di seguire le proprie convinzioni più profonde e la propria moralità e di trovare una rinnovata integrità personale, eliminando il senso di colpa.

Wisteria: dona fiducia in se stessi e nel proprio partner, soddisfazione e piacere nell'attività sessuale.
Aiuta a lasciarsi andare, permettendo alle proprie sensazioni di esprimersi liberamente.

Integrare con sette gocce sotto la lingua, mattina e sera.

Solaris

Rappresenta un rimedio essenziale nel donare sollievo dopo una scottatura da fuoco o da esposizione prolungata al sole.

- È una combinazione eccellente per aiutare a calmare il dolore o il bruciore legato a tutte le tipologie di scottature.

Di grande aiuto per le persone che non sopportano il caldo.
Riduce significativamente la quantità di radiazioni assorbite dalsole, dai raggi X e dalla radio terapia.
Utile anche in caso divampate di calore durante la menopausa.
Vengono miscelati assieme:

Mulla Mulla: rimuove le memorie fisiche e psicologiche delle scottature di qualsiasi genere (acqua bollente, oggetti caldi, sole). Aiuta a prevenire gli effetti negativi dovuti ad una eccessiva esposizione solare.
Favorisce l'eliminazione della paura legata al fuoco e di effetti negativi delle radiazioni immagazzinate nel corpo.
L'assunzione di quest'essenza, dopo qualche giorno, potrebbe portare alla comparsa di alcuni segni sul corpo che ricordano quelli avuti durante la scottatura.
Preso prima di un lungo volo aereo protegge dalle onde elettrostatiche.

She Oak: in seguito a una scottatura promuove un'azione reidratante, donando elasticità alla pelle.

Spinifex: aiuta in caso di vesciche o eritemi dovuti a eccessiva esposizione solare o a scottature.

Integrare con sette gocce sotto la lingua, mattina e sera. Integrare, inoltre, con sette gocce subito dopo l'episodio.

Spirituality

Risveglia la spiritualità, perché porta ad approfondire la pratica religiosa o spirituale.
Migliora l'accesso all'Io più evoluto provvedendo contemporaneamente alla protezione della psiche e all'integrità dell'Aura che l'avvolge.
Particolarmente indicata achi pratica meditazione.
Vengono miscelati assieme:

Angelsword: favorisce la riscoperta dei valori del passato, il ritrovamento della Verità spirituale, della Pace interiore e rinnova la comunicazione con il nostro Io più profondo.

Boronia: promuove chiarezza di pensiero e serenitàmentale.
Aiuta ad aumentare la capacità di mantenere un'intensa concentrazione durante la meditazione.

Bush Fuchsia: favorisce la presa di coscienza delle proprie intuizioni, per poterle finalmente ascoltare e per nutrire fiducia in esse.
Porta a un bilanciamento tra l'emisfero logico razionale e l'emisfero creativo e intuitivo, cioè rispettivamente il sinistro e il destro.

Bush Iris: consente all'individuo di accedere alla propria dimensione spirituale e di aprire le porte delle proprie percezioni più intime.
Permette che la fede penetri nel profondo dell'individuo.

Fringet Violet: rimuove le conseguenze negative della preoccupazione per il presente e per il passato, proteggendo l'integrità della psiche.

Green Spider Orchid: favorisce l'espressione di potenziali capacità extra-sensoriali. Permette di entrare in sintonia con tutti gli esseri viventi e con una dimensione metafisica. Aiuta gli insegnanti spirituali a trasmettere la propria conoscenza al di là delle parole.

Red Lily: aiuta a scoprire e a maturare la concretezza e la concentrazione sulle cose e a imparare a vivere il presente. Stimola il coinvolgimento spirituale.

Integrare con 7 gocce sotto la lingua, mattina e sera.

Stress stop

Aiuta contrastare gli stati d'ansia, favorisce il rilassamento, attenua i disagi fisici causati dallo stress. Armonizza i ritmi biologici e migliorando la qualità del sonno negli adulti e nei bambini consente di raggiungere il rilassamento necessario perun buon sonno ristoratore.
Permette di imparare a delegare le mansioni, a dedicare tempo e spazio a se stessi senza lasciarsi travolgere da agitazione e preoccupazione.
Vengono miscelati assieme:

Black Eyes Susan: aiuta a rallentare quei ritmi talvolta incalzanti e a riconsiderare la propria interiorità, scoprendo il centro della quiete in se stessi: dona l'opportunità d'imparare a delegare le mansioni quando queste sono eccessive.
Utile anche per le persone che mangiano molto velocemente, ingurgitando il cibo con voracità e che possono di conseguenza manifestare problemi digestivi.

Bottlebrush: permette di vivere la vita e i suoi inevitabili cambiamenti, superando intelligentemente il passato e aspettando serenamente le nuove esperienzedella vita.
Molto utile per le persone "programmatrici" che subiscono eccessivamente i cambiamenti diprogramma.

Boronia: favorisce la serenità e la chiarezza di pensiero, soprattutto quando lo stress assume forme ossessive.
Attenua i pensieri assillanti e spiacevoli, aiutando a fermare le rimuginazioni che spesso concorronoall'emergere dell'insonnia.

Bush Fuchsia: promuove il ritrovamento dell'armonia, della capacità di ascolto e della fiducia nelle proprieintuizioni.

Favorendo una più efficiente comunicazione interemisferica cerebrale, migliora la concentrazione el'attenzione.

Crowea: ha un notevole effetto tranquillizzante e tonificante per corpo e mente, donando un intenso senso di benessere e quiete.
È un ottimo rimedio per l'ansia che può causare contratture muscolari e ha un ottimo effetto riequilibrante sullo stomaco migliorando le problematiche digestive correlate a stress.

Jacaranda: rimedio elettivo per uno stato di sovra-eccitazione. Conferisce equilibrio, decisione e chiarezza di pensiero, caldeggiando l'ideazione di strategie precise ed efficaci che permettono di completare ogni progetto con successo.

Little Flannel Flower: Molto utile per le persone particolarmente impegnate che tendono a vivere la quotidianità con eccessiva serietà e rigidità.

Paw Paw: rafforza il processo intuitivo, così da rendere più' accessibili le soluzioni ai problemi.
Quando si è nella condizione di dover prendere importanti decisioni, allenta l'impressione di eccessiva responsabilità su se stessi.

Integrare con sette gocce sotto la lingua, mattina e sera. Massaggiare dolcemente sul corpo e più specificatamente sulle zone dove tendono a manifestarsi disagi fisici, come contratture muscolari causate dallo stress. Vaporizzare spesso negli ambientidove si stanno vivendo tensioni e nervosismo.

Transition

Combinazione utile per chiunque stia affrontando grandi cambiamenti biologici o di situazioni di vita, come un trasloco, un cambio di nazionalità, un nuovo lavoro, una gravidanza, la menopausa.
Dona la capacità di essere aperti ai cambiamenti e di essere pronti alle sfide che essi comportano.
Aiuta, inoltre, a rimuovere la paura della morte, donando calma etranquillità durante il passaggio nell'aldilà.
Vengono miscelati assieme:

Autumn Leaves: favorisce il passaggio dalla realtà materiale a quella spirituale, abbandonando la paura della morte quando essa è vicina, nella consapevolezza della naturalezza di questa importante transizione.

Bauhinia: aiuta nei casi in cui vi sia resistenza ai cambiamenti. Insegna a ricevere, comprendere e accettare nuove idee, situazioni e persone.

Bottlebrush: aiuta ad affrontare le transizioni della vita, confidando nelle proprie abilità a gestire le nuove situazioni.
Dona la capacità di superare i sentimenti di oppressione, inadeguatezza, incertezza e apprensione nel momento del cambiamento. Aiuta a oltrepassare il passato, per poter affrontare serenamente le novità che la vita porta.

Bush Iris: allevia i sentimenti di profonda paura relativa alla morte. È di beneficio per quelle persone che pensano non vi sia nulla dopo la morte.
Quest'essenza aiuta a considerare la possibilità che esista una realtà spirituale, oltre a quello che i cinque sensi umani riescono

a percepire.

Lichen: agisce nel momento in cui la combinazione Transition viene presa prima della morte, in quanto
assiste nella separazione che sta per avvenire tra corpo fisico e corpo eterico.

Mint Bush: da chiarezza nei cambiamenti più importanti che di solito portano alla confusione mentale data dalla sensazione che poco o niente sia risolvibile.
Questi cambiamenti includono divorzio, fallimenti, malattie gravi, incidenti, passaggio da una religione aun'altra.

Red Grevillea: aiuta a trovare la forza di lasciare alle spalle situazioni spiacevole e a trovare l'audacia nell'intraprendere finalmente la propria strada: rende indifferenti ai giudizi degli altri e indipendentipsicologicamente.

Silver Princess: specifico per le situazioni in cui si ha la sensazione di non avere uno scopo nella vita. Aiuta a ritrovare la direzione con rinnovata motivazione econsapevolezza.

Integrare con sette gocce sotto la lingua, mattino e sera.

Travel

È di beneficio a coloro che soffrono di preoccupazioni e paure di fronte a qualsiasi tipologia di spostamento.
Aiuta ad affrontare il viaggio con energia e serenità, favorendo il senso pratico e permettendo di godere dei vantaggi a esso correlati.
Vengono miscelati assieme:

Banksia Robur: favorisce il recupero dell'energia edella vitalità dopo le fatiche di un viaggio.

Bottlebrush: permette di vivere con serenità tutti i cambiamenti che la lontananza da casa implica, compreso il cambiamento di dieta che può comportare difficoltà intestinali,

Bush Fuchsia: aiuta nei casi di vertigini e malesseri da viaggio e favorisce il recupero nelle problematiche legate al fuso orario. Favorisce la comunicazione interemisferica cerebrale, attenuando quelle difficoltà d'apprendimento e d'espressione che spesso derivano da una marcata lateralizzazione funzionale.

Bush Iris: favorisce l'attività del sistema linfatico prevenendo gli eccessivi gonfiori dovuti alla staticità della posizione durante il viaggio.
Riequilibra la ghiandola pineale ed è quindi utile nelle problematiche legate al jet-lag.

Crowea: ha un notevole effetto tranquillizzante e tonificante su corpo e mente, donando un intenso senso di benessere e quiete.
È un ottimo rimedio per l'ansia.

Fringet Violet: rimuove le conseguenze negative della

preoccupazione per il presente e per il passato, proteggendo l'integrità della psiche.

Macrocarpa: rinnova l'entusiasmo, la vitalità, l'energia.

Mulla Mulla: riduce gli effetti negativi dell'elettromagnetismo.

Paw paw: stimola la capacità di affrontare un problema con lucidità e chiarezza.

Red Lily: aiuta a scoprire e a maturare la concretezza e la concentrazione sulle cose e ad imparare a vivere il presente. Stimola il coinvolgimento spirituale.

She oak: aiuta a superare gli squilibri ormonali nelle donne.
Allevia i sintomi di disidratazione che frequentemente si provano durante e immediatamente dopo un volo aereo e argina gli effetti della pressurizzazione aerea sugli ormoni femminili.

Silver princess: ritrovamento della direzione e dello scopo da assegnare alla propria vita. Rinnovata motivazione e consapevolezza.

Sundew: fa emergere il senso pratico, l'attenzione per i dettagli nella totalità delle cose, la concentrazione e la precisione.

Tall Mulla Mulla: aiuta a sentirsi a proprio agio e sicuri in mezzo ad altre persone. Incoraggia le relazioni sociali.

Integrare con sette gocce sotto la lingua, mattina e sera.
Massaggiare sulle zone soggette a gonfiori e disidratazione durante il viaggio.

www.ingramcontent.com/pod-product-compliance
Lightning Source LLC
Chambersburg PA
CBHW061646040426
42446CB00010B/1603